요즘 어른들의
다시 시작하는
영어
학교

요즘 어른들의 다시 시작하는
영어학교 2권

초판 1쇄 발행 2024년 2월 7일

지은이 성재원
펴낸곳 (주)에스제이더블유인터내셔널
펴낸이 양홍걸 이시원

홈페이지 www.siwonschool.com
주소 서울시 영등포구 영신로 166 시원스쿨
교재 구입 문의 02)2014-8151
고객센터 02)6409-0878

ISBN 979-11-6150-813-9 13740
Number 1-010606-23990400-08

5070을 위한 친절한 영어 공부

요즘 어른들의
다시 시작하는

영어
학교
2

성재원 지음

S 시원스쿨닷컴

"어렵게만 느껴졌던 영어 공부가 이제는 즐거운 취미가 되었습니다."

오늘도 기분 좋은 후기를 받았습니다. 처음에는 시작이 늦었다고 걱정하시던 분이었습니다. 오랜 망설임 끝에 시작한 이분은 이제는 하루도 영어 공부를 안 하면 허전해하십니다. 해외여행에서 영어로 커피를 주문하고, 쇼핑을 즐기시는 모습을 보고 아드님이 자랑스러워하셨다고 합니다.

영어를 배우고 싶지만 **어디서부터 시작해야 할지 모르시는 분들**이 많습니다. 여러 학습 방법을 시도해 보셨으나 큰 효과를 못 느끼셨고, 외운 영어 문장도 쉽게 잊어버리시는 일이 자주 있습니다. **젊었을 때 더 많이 공부하지 않은 것을 후회하시는 분들**을 보며, 저는 이러한 분들을 위한 책을 만들어야겠다고 생각했습니다.

여러 곳을 찾아보지 않아도, **한 권으로 영어를 배울 수 있다면** 얼마나 좋을까요? 이런 생각을 가지고, 고향에 계신 **60대 부모님께도 자신 있게 추천할 수 있는 책**을 만들었습니다. 이 책에는 그런 고민과 노력의 결과가 모두 담겨 있습니다.

✓ **쉬운 패턴**을 사용하여 **누구나 쉽게** 말하기 시작할 수 있도록 했습니다.

✓ 패턴, 문장, 대화 상황을 자연스럽게 연결하여 **실제 상황에서 활용**할 수 있게 구성했습니다.

✓ 영어 발음이 어려운 분들을 위해 **한글 발음을 추가**했습니다.

✓ 혼자서는 어려운 분들을 위해 **친절한 해설 강의**도 준비했습니다.

이제 여러분의 실천만 남았습니다. 책의 커리큘럼을 따라서 차근차근 진행해 주세요. 차근차근 배우다 보면 실력이 쌓이는 만큼 재미를 느낄 수 있을 겁니다. 하루, 이틀, 시간이 흐르고 **자연스럽게 내 생각과 상황을 영어로** 말할 수 있을 겁니다.

기본적인 문장이라도 영어로 말할 수 있게 되면 여행의 즐거움은 배가 됩니다. **해외여행**뿐만 아니라, 영어 공부는 **배움의 즐거움과 성취감**을 주는 **멋진 취미**입니다. 여러분도 이 **놀라운 경험**을 할 수 있도록 도와드리겠습니다.

이제 저는 자신 있게 말씀드립니다. "평생 **단 한 권의 영어회화책**만 본다면, 바로 이 책입니다."

저자 성재원

목차

1. 모든 영어 발음을 소리 나는 대로 표기하였습니다.

아직 영어가 낯설고 두려우신 분들을 위해 영어가 소리 나는 대로 한국어 발음을 표기하였습니다. 영어 단어를 읽을 줄 몰라도 차근차근 하나씩 시작하실 수 있습니다.

2. 영어 단어와 문장의 강조가 되는 부분을 표기하였습니다.

영어 단어와 문장에서 강조하여 읽어야 하는 부분을 큰 글자로 표시하였습니다. 큰 글자로 표시된 부분을 강하게 힘을 줘서 읽어보세요.

3. 무료 ❶ 원어민 음원과 ❷ 유튜브 강의를 제공합니다.

혼자 공부하기 어려운 분들을 위해 무료 음원과 강의를 제공합니다. ① 스마트폰으로 〈원어민 음원 듣기〉 QR 코드를 찍어보세요. 오늘 배울 문장의 음원을 확인하실 수 있습니다. ② [패턴 맛보기] 코너와 [회화 표현 확장하기] 코너에 있는 QR 코드를 찍으면 강의를 확인하실 수 있습니다. (QR코드 찍는 방법은 옆 페이지를 확인해 주세요.)

4. 어휘 리스트를 무료로 다운받으실 수 있습니다.

시원스쿨 홈페이지(www.siwonschool.com)에 접속하셔서, 도서에 수록된 모든 단어가 정리된 〈어휘 리스트〉를 다운받으실 수 있습니다. 추가로, 해외 여행지에서 활용할 수 있는 〈여행지 필수 어휘집〉도 다운받으실 수 있습니다. 시원스쿨 홈페이지에 회원 가입하신 후, [학습지원센터 〉 공부 자료실 〉 MP3 자료실]에서 확인해 보세요.

QR 코드 활용법

1은 음원을 들으실 수 있는 QR 코드이며,
2는 유튜브 영상을 확인하실 수 있는 QR 코드입니다.

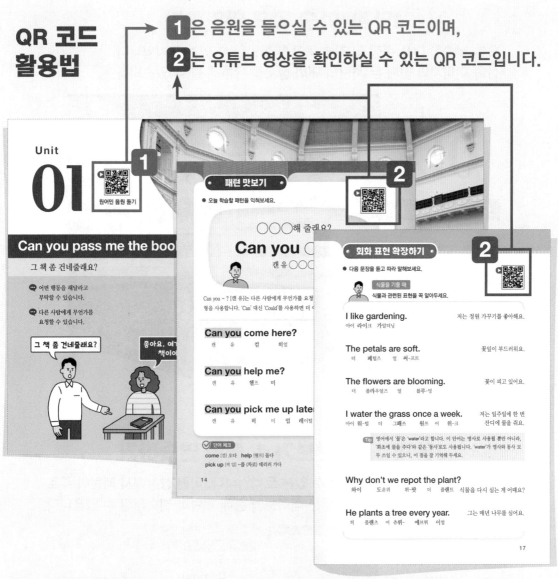

1 스마트폰의 '카메라'을 클릭하여, 카메라 렌즈를 QR 코드에 가져다 둡니다.

2 노란색 네모에 QR 코드를 두고, 카메라가 QR 코드를 인식하면 하단의 노란색 부분을 클릭합니다. 클릭하시면 바로 음원 혹은 유튜브 영상을 확인하실 수 있습니다.

이 책의 구성

1단계 학습 목표 확인하기

오늘 학습할 대표 문장 및 학습 목표를 확인할 수 있는 코너입니다.
삽화 이미지와 함께 두 사람의 대화 상황을 유추해 볼 수 있습니다.

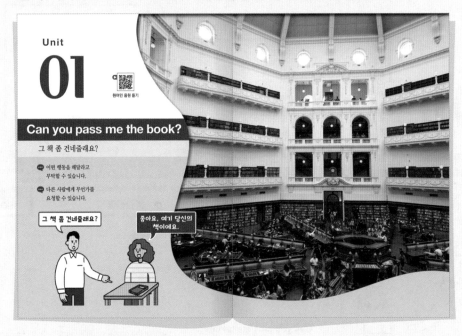

2단계 패턴 맛보기 & 패턴 연습하기

대표 패턴을 확인하고 연습할 수 있는 코너입니다. 어떤 상황에서 패턴이 주로
사용되는지 익힐 수 있으며, 짧은 대화문을 통해 패턴과 친숙해질 수 있습니다.

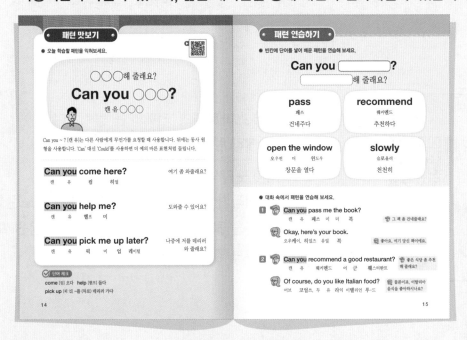

3단계 소통하기 & 회화 표현 확장하기

실제 대화문을 통해 일상 회화를 익힐 수 있는 코너입니다. 추가로, 대화문의
표현을 한 단계 확장하여 더욱더 다양한 표현을 익힐 수 있습니다.

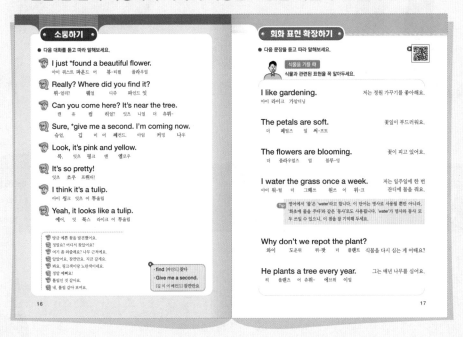

소통하기
● 다음 대화를 듣고 따라 말해보세요.

I just *found a beautiful flower.
아이 저스트 파운드 어 뷰-티펄 플라우얼

Really? Where did you find it?
뤼-얼리? 웨얼 디쥬 파인드 잇

Can you come here? It's near the tree.
캔 유 컴 히얼? 잇츠 니얼 더 츄뤼-

Sure, *give me a second. I'm coming now.
슈얼, 깁 미 어 쎄컨드, 아임 커밍 나우

Look, it's pink and yellow.
룩, 잇츠 핑크 앤 옐로우

It's so pretty!
잇츠 쏘우 프뤼티!

I think it's a tulip.
아이 씽크 잇츠 어 투울립

Yeah, it looks like a tulip.
예어, 잇 룩스 라이크 어 투울립

방금 예쁜 꽃을 발견했어요.
정말요? 어디서 찾았어요?
여기 좀 와줄래요? 나무 근처에요.
알았어요, 잠깐만요. 지금 갈게요.
봐요, 핑크색이랑 노란색이네요.
정말 예뻐요!
튤립인 것 같아요.
네, 튤립 같아 보여요.

· find [파인드] 찾다
· Give me a second.
[깁 미 어 쎄컨드] 잠깐만요

16

회화 표현 확장하기
● 다음 문장을 듣고 따라 말해보세요.

식물을 기를 때
식물과 관련된 표현을 꼭 알아두세요.

I like gardening.   저는 정원 가꾸기를 좋아해요.
아이 라이크 가알더닝

The petals are soft.   꽃잎이 부드러워요.
더 페틀즈 얼 쏘-프트

The flowers are blooming.   꽃이 피고 있어요.
더 플라우얼즈 얼 블루-밍

I water the grass once a week.   저는 일주일에 한 번
아이 워-털 더 그뤠스 원스 어 위-크   잔디에 물을 줘요.

Tip 영어에서 '물'은 'water'라고 합니다. 이 단어는 명사로 사용될 뿐만 아니라,
화초에 물을 주다와 같은 '동사'로도 사용됩니다. 'water'가 명사와 동사 모
두 쓰일 수 있으니, 이 점을 잘 기억해두세요.

Why don't we repot the plant?   식물을 다시 심는 게 어때요?
와이 도운위 뷔-팟 더 플랜트

He plants a tree every year.   그는 매년 나무를 심어요.
히 플랜츠 어 츄뤼- 에브뤼 이얼

17

4단계 실력 다지기 & 써보기

앞서 배운 단어와 표현을 바탕으로 스스로 문제를 풀어볼 수 있는 코너입니다. 또한, 패턴 맛보기 &
패턴 연습하기 코너에서 배운 문장을 직접 써보면서 문장 쓰는 연습을 할 수 있습니다.

실력 다지기
● 주어진 단어의 의미로 적절한 것을 찾아 연결하세요.

come   ~를 (차로) 데리러 가다

pick up   추천하다

recommend   오다

● 음원을 듣고, 빈칸에 알맞은 문장을 보기에서 골라 번호를 쓰세요.

보기
① Can I try this on? ② Can you come here?
③ I will have the beef steak.

I just found a beautiful flower.
Really? Where did you find it?
_____ It's near the tree.
Sure, give me a second. I'm coming now.
Look, it's pink and yellow.
It's so pretty!
I think it's a tulip.
Yeah, it looks like a tulip.

● 다음 빈칸에 알맞은 단어를 보기에서 골라 번호를 쓰세요.

보기
① blooming ② soft ③ gardening

· I like _____.   저는 정원 가꾸기를 좋아해요.

· The petals are _____.   꽃잎이 부드러워요.

· The flowers are _____.   꽃이 피고 있어요.

18

써보기
● 문장을 2번씩 직접 써보고, 소리 내어 말해보세요.

1 여기 좀 와줄래요? 캔 유 컴 히얼

2 도와줄 수 있어요? 캔 유 헬프 미

3 나중에 저를 데리러 와줄래요? 캔 유 픽 미 업 레이털

4 그 책 좀 건네줄래요? 캔 유 패스 미 더 북

19

Unit

01

원어민 음원 듣기

Can you pass me the book?

그 책 좀 건네줄래요?

💬 어떤 행동을 해달라고
   부탁할 수 있습니다.

💬 다른 사람에게 무언가를
   요청할 수 있습니다.

그 책 좀 건네줄래요?

좋아요, 여기 당신의
책이에요.

● 오늘 학습할 패턴을 익혀보세요.

○○○해 줄래요?

Can you ○○○?

캔 유 ○○○

Can you ~ ? [캔 유]는 다른 사람에게 무언가를 요청할 때 사용합니다. 뒤에는 동사 원형을 사용합니다. 'Can' 대신 'Could'를 사용하면 더 예의 바른 표현처럼 들립니다.

Can you come here?
캔　　유　　컴　　　히얼

여기 좀 와줄래요?

Can you help me?
캔　　유　　헬프　미

도와줄 수 있어요?

Can you pick me up later?
캔　　유　　픽　　미　업　레이털

나중에 저를 데리러 와 줄래요?

✓ 단어 체크

come [컴] 오다　help [헬프] 돕다
pick up [픽 업] ~를 (차로) 데리러 가다

14

● 빈칸에 단어를 넣어 배운 패턴을 연습해 보세요.

Can you [   ]?

[   ]해 줄래요?

pass
패쓰

건네주다

recommend
뤠커멘드

추천하다

open the window
오우펀   더   윈도우

창문을 열다

slowly
슬로울리

천천히

● 대화 속에서 패턴을 연습해 보세요.

1 **Can you** pass me the book?
캔 유 패쓰 미 더 북

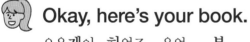 그 책 좀 건네줄래요?

Okay, here's your book.
오우케이, 히얼즈 유얼   북

좋아요, 여기 당신 책이에요.

2 **Can you** recommend a good restaurant?
캔   유   뤠커멘드   어 귿   뤠스터롼트

좋은 식당 좀 추천해 줄래요?

Of course, do you like Italian food?
어브   코얼쓰, 두 유 라익 이탤리언 푸-드

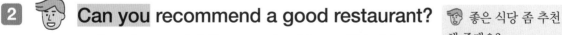 물론이죠, 이탈리아 음식을 좋아하시나요?

● 다음 대화를 듣고 따라 말해보세요.

 I just *found a beautiful flower.
아이 쥬스트 **파운드** 어 **뷰**-티펄 플라우얼

 Really? Where did you find it?
뤼-얼리? **웨**얼 디쥬 **파인드** 잇

 Can you come here? It's near the tree.
캔 유 **컴** 히얼? 잇츠 니얼 더 츄뤼-

 Sure, *give me a second. I'm coming now.
슈얼, **깁** 미 어 **쎄**컨드. 아임 **커**밍 나우

 Look, it's pink and yellow.
룩, 잇츠 **핑**크 앤 **옐**로우

 It's so pretty!
잇츠 **쏘**우 프**뤼**티!

 I think it's a tulip.
아이 **씽**크 잇츠 어 **투**울립

 Yeah, it looks like a tulip.
예어, 잇 **룩**스 라이크 어 **투**울립

🧑 방금 예쁜 꽃을 발견했어요.

👩 정말요? 어디서 찾았어요?

🧑 여기 좀 와줄래요? 나무 근처에요.

👩 알았어요, 잠깐만요. 지금 갈게요.

🧑 봐요, 핑크색이랑 노란색이네요.

👩 정말 예뻐요!

🧑 튤립인 것 같아요.

👩 네, 튤립 같아 보여요.

> ✱
> · find [파인드] 찾다
> · Give me a second.
> [깁 미 어 쎄컨드] 잠깐만요

● 다음 문장을 듣고 따라 말해보세요.

식물을 기를 때

식물과 관련된 표현을 꼭 알아두세요.

I like gardening.
아이 라이크 가알더닝

저는 정원 가꾸기를 좋아해요.

The petals are soft.
더 페털즈 얼 써-프트

꽃잎이 부드러워요.

The flowers are blooming.
더 플라우얼즈 얼 블루-밍

꽃이 피고 있어요.

I water the grass once a week.
아이 워-털 더 그뤠쓰 원쓰 어 위-크

저는 일주일에 한 번 잔디에 물을 줘요.

> **Tip** 영어에서 '물'은 'water'라고 합니다. 이 단어는 명사로 사용될 뿐만 아니라, '화초에 물을 주다'와 같은 '동사'로도 사용됩니다. 'water'가 명사와 동사 모두 쓰일 수 있으니, 이 점을 잘 기억해 두세요.

Why don't we repot the plant?
와이 도운위 뤼-팟 더 플랜트

식물을 다시 심는 게 어때요?

He plants a tree every year.
히 플랜츠 어 츄뤼- 에브뤼 이얼

그는 매년 나무를 심어요.

● 주어진 단어의 의미로 적절한 것을 찾아 연결하세요.

come   •   • ~를 (차로) 데리러 가다

pick up   •   • 추천하다

recommend •   • 오다

● 음원을 듣고, 빈칸에 알맞은 문장을 보기 에서 골라 번호를 쓰세요.

> 보기
> ① Can I try this on?   ② Can you come here?
> ③ I will have the beef steak.

🧑 I just found a beautiful flower.

👩 Really? Where did you find it?

🧑 _____ It's near the tree.

👩 Sure, give me a second. I'm coming now.

🧑 Look, it's pink and yellow.

👩 It's so pretty!

🧑 I think it's a tulip.

👩 Yeah, it looks like a tulip.

● 다음 빈칸에 알맞은 단어를 보기 에서 골라 번호를 쓰세요.

> 보기
> ① blooming   ② soft   ③ gardening

· I like _____ .   저는 정원 가꾸기를 좋아해요.

· The petals are _____ .   꽃잎이 부드러워요.

· The flowers are _____ .   꽃이 피고 있어요.

써보기 ✏️

● 문장을 2번씩 직접 써보고, 소리 내어 말해보세요.

1 여기 좀 와줄래요? 캔 유 컴 히얼

2 도와줄 수 있어요? 캔 유 헬프 미

3 나중에 저를 데리러 와 줄래요? 캔 유 픽 미 업 레이털

4 그 책 좀 건네줄래요? 캔 유 패쓰 미 더 북

Unit
02

원어민 음원 듣기

Why don't you take a break?

잠깐 쉬는 게 어때요?

💬 누군가에게 특정한 행동을 하도록
조언할 수 있습니다.

💬 어떤 문제에 대한 해결책을
제안할 수 있습니다.

잠깐 쉬는 게 어때요?

아직 피곤하지 않아요.

● 오늘 학습할 패턴을 익혀보세요.

○○○해 보는 게 어때요?

Why don't you ○○○?
와이 도운츄 ○○○

Why don't you ~? [와이 도운츄]는 다른 사람에게 제안하거나 조언을 줄 때 사용할 수 있습니다. 상대방에게 어떤 행동이나 선택을 권유하거나 제안할 때 유용한 패턴입니다.

Why don't you take the subway? 지하철을 타는 게 어때요?
와이　도운츄　테이크　더　섭웨이

Why don't you go for a walk? 산책하러 가는 게 어때요?
와이　도운츄　고우　펄　어　워-크

Why don't you ask for help? 도움을 요청하는 게 어때요?
와이　도운츄　애스크　펄　헬프

✓ 단어 체크

take the subway [테이크 더 섭웨이] 지하철을 타다
go for a walk [고우 펄 어 워-크] 산책하러 가다　**ask for** [애스크 펄] 요청하다

● 빈칸에 단어를 넣어 배운 패턴을 연습해 보세요.

Why don't you [   ]?

[   ] 해 보는 게 어때요?

take a break
테이크   어   브뤠이크
잠시 휴식을 취하다

call
커얼
전화하다

go to bed
고우   투   베드
잠자리에 들다

forgive
펄기브
용서하다

● 대화 속에서 패턴을 연습해 보세요.

1 **Why don't you** take a break?
와이   도운츄   테이크 어 브뤠이크
잠깐 쉬는 게 어때요?

I'm not tired yet.
아임   낫 타이얼드 옛
아직 피곤하지 않아요.

2 **Why don't you** call your friend?
와이   도운츄   커얼 유어   프뤤드
친구에게 전화해 보는 게 어때요?

Good idea. I will call her now.
근   아이디-어. 아이 윌 커얼   헐   나우
좋은 생각이에요. 지금 전화할게요.

23

● 다음 대화를 듣고 따라 말해보세요.

 The traffic is *terrible today.
더 츄뢔픽 이즈 테뤄벌 터데이

 I'm worried about being late.
아임 워어뤼드 어바웃 비잉 레이트

 Why don't you take the subway?
와이 도운츄 테이크 더 섭웨이

 You're right. That might be quicker.
유얼 롸잇. 댓 마잇 비 퀵컬

 It's usually faster during *rush hour. *[h]는 발음하지 않아요.
잇츠 유-쥬얼리 패스털 두어링 뤄쉬 아우얼

 Okay, I will try the subway.
오우케이, 아이 윌 츄롸이 더 섭웨이

 It's also cheaper than a taxi.
잇츠 어얼쏘우 취펄 던 어 택씨

 Thanks for the tip!
쌩쓰 펄 더 팁

🧑 오늘 교통이 너무 막히네요.
👩 늦을까 봐 걱정돼요.
🧑 지하철을 이용해 보는 건 어때요?
👩 맞아요. 그게 더 빠를 수도 있겠네요.
🧑 보통 출근 시간에는 지하철이 더 빨라요.
👩 그럼, 지하철을 이용해 볼게요.
🧑 택시보다도 더 저렴하고요.
👩 알려줘서 고마워요!

★
· terrible [테뤄벌] 끔찍한
· rush hour [러쉬 아우얼]
(출퇴근) 혼잡 시간대

● 다음 문장을 듣고 따라 말해보세요.

출퇴근을 할 때

출퇴근과 관련된 표현을 꼭 알아두세요.

I go to work at 9.
아이 고우 투 워얼크 앳 나인

저는 아홉 시에 출근해요.

> **Tip** 출근하는 것을 'go to work', 퇴근하는 것을 'get off work'라고 합니다. 그렇다면 '재택근무를 한다'는 영어로 뭘까요? 바로 'work from home'입니다. 이 표현을 덩어리로 외워두세요.

What time do you get off work?
왓 타임 두 유 겟 어-프 워얼크

퇴근은 몇 시에 하세요?

We don't go to work on weekends.
위 도운(트) 고우 투 워얼크 언 위-켄즈

우리는 주말에는 출근하지 않아요.

I'm on my way to work.
아임 언 마이 웨이 투 워얼크

저는 지금 출근하는 길이에요.

I got off work at 6 yesterday.
아이 갓 어-프 워얼크 앳 씩쓰 예스털데이

어제 저는 6시에 퇴근했어요.

I don't have to go to work early today.
아이 도운(트) 해브 투 고우 투 워얼크 어얼리 터데이

오늘은 일찍 출근할 필요 없어요.

● 주어진 단어의 의미로 적절한 것을 찾아 연결하세요.

take the subway •   • 잠자리에 들다

ask for •   • 지하철을 타다

go to bed •   • 요청하다

● 음원을 듣고, 빈칸에 알맞은 문장을 보기 에서 골라 번호를 쓰세요.

> 보기
> ① Why don't you take the subway?
> ② How do I get to the park?　③ Can I try this on?

The traffic is terrible today.

I'm worried about being late.

_____

You're right. That might be quicker.

It's usually faster during rush hour.

Okay, I will try the subway.

It's also cheaper than a taxi.

Thanks for the tip!

● 다음 빈칸에 알맞은 단어를 보기 에서 골라 번호를 쓰세요.

> 보기
> ① get off work　　② work　　③ on weekends

· What time do you _____?　퇴근은 몇 시에 하세요?

· We don't go to work _____.　우리는 주말에는 출근하지 않아요.

· I'm on my way to _____.　저는 지금 출근하는 길이에요.

써보기 ✏️

● 문장을 2번씩 직접 써보고, 소리 내어 말해보세요.

1 지하철을 타는 게 어때요? 와이 도운츄 테이크 더 섭웨이

2 산책하러 가는 게 어때요? 와이 도운츄 고우 펄 어 워-크

3 도움을 요청하는 게 어때요? 와이 도운츄 애스크 펄 헬프

4 잠깐 쉬는 게 어때요? 와이 도운츄 테이크 어 브뤠이크

03

원어민 음원 듣기

Let's get up early tomorrow.

내일 일찍 일어나요.

💬 함께 어떤 활동을 하자고
제안할 수 있습니다.

💬 그룹을 독려하거나 동기를
부여할 수 있습니다.

내일 일찍 일어나요.

알겠어요, 제가
알람을 맞출게요.

● 오늘 학습할 패턴을 익혀보세요.

우리 ○○○해요.

Let's ○○○.

렛츠 ○○○

Let's ~ [렛츠]는 함께 무언가를 하자고 제안할 때 사용할 수 있습니다. 그룹 내에서 공동의 행동이나 활동을 시작하려고 할 때 유용한 패턴입니다.

Let's go to the park.   공원에 가요.

렛츠　고우　투　더　파알크

Let's eat out.   외식해요.

렛츠　　잇　아우트

Let's go hiking tomorrow.   내일 하이킹 가요.

렛츠　고우　하이킹　　터마-로우

✓ 단어 체크

go to the park [고우 투 더 파알크] 공원에 가다   **eat out** [잇 아우트] 외식하다

go hiking [고우 하이킹] 하이킹을 가다

● 빈칸에 단어를 넣어 배운 패턴을 연습해 보세요.

Let's ⬚ .
우리 ⬚ 해요.

get up
겟 업

일어나다

go home
고우 호움

집에 가다

have dinner
해브 디널

저녁을 먹다

watch a movie
와-취 어 무-비

영화를 보다

● 대화 속에서 패턴을 연습해 보세요.

1 **Let's** get up early tomorrow.
렛츠 겟 업 어얼리 터마-로우

내일 일찍 일어나요.

Okay, I will set an alarm.
오우케이, 아이 윌 셋 언 얼라암

알겠어요, 제가 알람을 맞출게요.

2 **Let's** go home.
렛츠 고우 호움

집에 가요.

Yes, I'm tired too. Let's go.
예쓰, 아임 타이얼드 투-. 렛츠 고우

네, 저도 피곤해요. 가요.

● 다음 대화를 듣고 따라 말해보세요.

 Do you have plans today?
두 유 해브 플랜즈 터데이

 No, I'm free all day.
노우, 아임 프뤼- 어얼 데이

 Let's go to the park and ride bikes.
렛츠 고우 투 더 파알크 앤 롸이드 바익스

 That sounds fun. I haven't ridden a bike *in a while.
댓 싸운즈 펀. 아이 해번(트) 뤼던 어 바이크 인 어 와일

 We can rent bikes there.
위 캔 뤤트 바익스 데얼

 Great! I will *bring snacks.
그뤠잇! 아 월 브륑 스낵스

 I will bring water and juice.
아이 월 브륑 워-털 앤 쥬-쓰

 Perfect! Let's meet at 11 a.m.
퍼얼픽트! 렛츠 밋 앳 일레번 에이엠

오늘 계획 있어요?
아니요, 하루 종일 한가해요.
공원에 가서 자전거 타요.
재미있겠네요. 오랜만에 자전거 타게 되네요.
거기서 자전거 빌릴 수 있어요.
좋아요! 제가 간식 가져갈게요.
저는 물과 주스를 가져갈게요.
완벽해요! 11시에 만나요.

· in a while [인 어 와일] 한동안
· bring [브륑] 가져가다

32

● 다음 문장을 듣고 따라 말해보세요.

야외 활동을 할 때

야외 활동과 관련된 표현을 꼭 알아두세요.

Let's go outside.
렛츠   고우   아웃싸이드

우리 밖에 나가요.

I like to walk in the park.
아이 라익 투 **워**-크 인 더 **파**알크

저는 공원에서 걷는 걸 좋아해요.

She swims in the pool.
쉬   스윔즈   인 더   푸울

그녀는 수영장에서 수영해요.

Let's have a picnic.
렛츠   해브 어 피크닉

우리 소풍 가요.

We go hiking on weekends.
위 고우 **하**이킹   언   **위**-켄즈

우리는 주말에 등산을 가요.

> **Tip** '등산하다'에는 두 가지 표현이 있습니다. 'go hiking'은 등산로를 따라 걸으며 자연을 즐기는 것을 의미합니다. 그에 반해, 'climb a mountain'은 보다 어렵고 전문적인 산 등반을 말합니다.

He goes to the gym every morning.
히   고우즈 투 더   **짐** 에브뤼   **모**얼닝

그는 매일 아침 헬스장에 가요.

● 주어진 단어의 의미로 적절한 것을 찾아 연결하세요.

get up   •   • 외식하다

go home •   • 집에 가다

eat out   •   • 일어나다

● 음원을 듣고, 빈칸에 알맞은 문장을 보기 에서 골라 번호를 쓰세요.

> 보기
>
> ① Let's go to the park   ② You're polite
>
> ③ I want you to forgive me

🧑 Do you have plans today?

👩 No, I'm free all day.

🧑 _____ and ride bikes.

👩 That sounds fun. I haven't ridden a bike in a while.

🧑 We can rent bikes there.

👩 Great! I will bring snacks.

🧑 I will bring water and juice.

👩 Perfect! Let's meet at 11 a.m.

● 다음 빈칸에 알맞은 단어를 보기 에서 골라 번호를 쓰세요.

> 보기
>
> ① every morning   ② outside   ③ on weekends

· Let's go _____.   우리 밖에 나가요.

· He goes to the gym _____.   그는 매일 아침 헬스장에 가요.

· We go hiking _____.   우리는 주말에 등산을 가요.

써보기 ✏️

● 문장을 2번씩 직접 써보고, 소리 내어 말해보세요.

1 공원에 가요. 렛츠 고우 투 더 파알크

2 외식해요. 렛츠 잇 아우트

3 내일 하이킹 가요. 렛츠 고우 하이킹 티마-러우

4 내일 일찍 일어나요. 렛츠 겟 업 어얼리 티마-로우

Would you mind opening the window?

창문 좀 열어 주시겠어요?

💬 상대방에게 공손하게 무언가를
   요청할 때 사용할 수 있습니다.

💬 상대방의 의견이나 생각을
   물어볼 수 있습니다.

창문 좀 열어 주시겠어요?

물론이죠, 지금 열게요.

● 오늘 학습할 패턴을 익혀보세요.

○○○ 해 주시겠어요?

Would you mind ○○○ing?

우쥬 마인드 ○○○

Would you mind ~ing ~? [우쥬 마인드]는 상대방에게 부탁할 때 사용할 수 있습니다. 상대가 불편해하지 않도록 조심스럽게 부탁할 때 유용한 패턴입니다.

Would you mind waiting a little?

우쥬   마인드   웨이팅   어   리틀

조금 기다려 주시겠어요?

Would you mind lending me your car?

우쥬   마인드   렌딩   미   유얼   카알

차를 빌려주시겠어요?

Would you mind sending it again?

우쥬   마인드   쎈딩   잇   어겐

다시 보내 주시겠어요?

✓ 단어 체크

wait [웨이트] 기다리다 **lend** [렌드] 빌려주다
send [쎈드] 보내다

● 빈칸에 단어를 넣어 배운 패턴을 연습해 보세요.

Would you mind ⬚ing?

⬚ 해 주시겠어요?

---

open the window
오우펀 더 윈도우

창문을 열다

turn down
터언 다운

소리를 낮추다

hold
호울드

잡고 있다

turn off
터언 어-프

(전기, 가스 등을) 끄다

● 대화 속에서 패턴을 연습해 보세요.

1 Would you mind opening the window?
우쥬 마인드 오우퍼닝 더 윈도우

창문 좀 열어 주시겠어요?

Not at all, I will open it now.
낫 앳 어얼, 아이 윌 오우펀 잇 나우

물론이죠, 지금 열게요.

2 Would you mind turning down the music?
우쥬 마인드 터어닝 다운 더 뮤-직

음악 소리 좀 줄여 주시겠어요?

Of course not, I will turn it down now.
어브 코얼쓰 낫, 아이 윌 터언 잇 다운 나우

당연하죠, 지금 줄일게요.

● 다음 대화를 듣고 따라 말해보세요.

 Are you ready to *leave?
얼 유 뤠디 투 리-브

 Yes, I'm ready.
예쓰, 아임 뤠디

 Would you *mind waiting a little? I can't find my phone.
우쥬 마인드 웨이팅 어 리틀? 아이 캐앤(트) 파인드 마이 포운

 No problem. Take your time.
노우 프롸-블럼. 테이크 유얼 타임

 I found it! It was in my bag.
아이 파운드 잇! 잇 워즈 인 마이 백

 Great! Let's go now.
그뤠잇! 렛츠 고우 나우

 Do you have your *wallet?
두 유 해브 유얼 월릿

 Let me check. Yes, it's here.
렛 미 췍. 예쓰, 잇츠 히얼

출발할 준비됐어요?

네, 준비됐어요.

조금만 기다려 줄래요? 제 휴대폰을 못 찾겠어요.

괜찮아요. 천천히 해요.

찾았다! 가방 안에 있었어요.

좋아요! 그럼, 이제 가요.

지갑 챙겼어요?

잠깐만 확인해 볼게요. 네, 여기 있네요.

* · leave [리-브] 출발하다, 떠나다
· mind [마인드] 꺼려하다
· wallet [월릿] 지갑

● 다음 문장을 듣고 따라 말해보세요.

외출 준비를 할 때

외출 준비와 관련된 표현을 꼭 알아두세요.

I'm not ready yet.
아임 낫 뤠디 옛

아직 준비 안 됐어요.

I will turn off the lights.
아이 윌 터언 어-프 더 라잇츠

불 끄고 올게요.

Let's check the weather.
렛츠 췍 더 웨덜

날씨 확인해 봐요.

I'm putting on my shoes.
아임 푸링 언 마이 슈즈

신발 신고 있어요.

> **Tip** 'put on'은 옷이나 액세서리를 입거나 착용할 때 사용하는 표현입니다. 예를 들어, 신발을 신거나 모자를 쓸 때 이 표현을 사용합니다. 반대로, 'take off' 는 옷이나 액세서리를 벗을 때 사용할 수 있습니다.

Should we walk or drive?
슏 위 워-크 오얼 쥬롸이브

걸어갈까요, 차 탈까요?

I'm looking for my phone.
아임 루킹 펄 마이 포운

휴대폰을 찾고 있어요.

실력 다지기

● 주어진 단어의 의미로 적절한 것을 찾아 연결하세요.

wait   •   • 기다리다

lend   •   • 빌려주다

turn down •   • 소리를 낮추다

● 음원을 듣고, 빈칸에 알맞은 문장을 보기 에서 골라 번호를 쓰세요.

> 보기
> ① You look worried.   ② Don't give up.
> ③ Would you mind waiting a little?

Are you ready to leave?

Yes, I'm ready.

_____ I can't find my phone.

No problem. Take your time.

I found it! It was in my bag.

Great! Let's go now.

Do you have your wallet?

Let me check. Yes, it's here.

● 다음 빈칸에 알맞은 단어를 보기 에서 골라 번호를 쓰세요.

> 보기
> ① phone   ② shoes   ③ weather

· Let's check the _____.   날씨 확인해 봐요.

· I'm putting on my _____.   신발 신고 있어요.

· I'm looking for my _____.   휴대폰을 찾고 있어요.

42

● 문장을 2번씩 직접 써보고, 소리 내어 말해보세요.

1 조금 기다려 주시겠어요?   우쥬 마인드 웨이팅 어 리틀

2 차를 빌려주시겠어요?   우쥬 마인드 렌딩 미 유얼 카알

3 다시 보내 주시겠어요?   우쥬 마인드 쎈딩 잇 어겐

4 창문 좀 열어 주시겠어요?   우쥬 마인드 오우퍼닝 더 윈도우

I'm looking for a phone case.

휴대폰 케이스를 찾고 있어요.

💬 상점에서 특정한 제품을 찾고
있을 때 사용합니다.

💬 특정 서비스나 도움을 찾고
있을 때 사용합니다.

휴대폰 케이스를
찾고 있어요.

은행 옆에 가게가
하나 있어요.

● 오늘 학습할 패턴을 익혀보세요.

○○○를 찾고 있어요.

I'm looking for ○○○.

아임 르킹 펄 ○○○

I'm looking for ~ [아임 르킹 펄]은 무언가를 찾고 있을 때 사용할 수 있습니다. 쇼핑할 때, 어떤 물건이 있는지 물어보거나, 특정 장소나 사람을 찾고 있을 때 유용합니다.

I'm looking for a blue scarf.
아임　　　르킹　　　펄　어　　블루　　　스카알프

파란색 스카프를 찾고 있어요.

I'm looking for a winter coat.
아임　　　르킹　　　펄　어　　윈털　　　코우트

겨울 코트를 찾고 있어요.

I'm looking for a Korean restaurant.
아임　　　르킹　　　펄　어　코어뤼-언　　　뤠스터뢴트

한식당을 찾고 있어요.

✓ 단어 체크

blue scarf [블루 스카알프] 파란 스카프　**winter coat** [윈털 코우트] 겨울 코트
Korean restaurant [코어뤼-언 뤠스터뢴트] 한식당

46

● 빈칸에 단어를 넣어 배운 패턴을 연습해 보세요.

I'm looking for [   ].

[   ]를 찾고 있어요.

phone case
포운   케이스

휴대폰 케이스

gas station
개스   스테이션

주유소

leather gloves
레덜   글러브즈

가죽장갑

gift
기프트

선물

● 대화 속에서 패턴을 연습해 보세요.

1 **I'm looking for** a phone case.
아임 르킹 펄 어 포운 케이스   🧑 휴대폰 케이스를 찾고 있어요.

 There is one store next to the bank.
데얼 이즈 원 스토얼 넥스트 투 더 뱅크   👩 은행 옆에 가게가 하나 있어요.

2 **I'm looking for** a gas station.
아임 르킹 펄 어 개스 스테이션   🧑 주유소를 찾고 있어요.

 It's across from the post office.
잇츠 어크뤄-쓰 프뤔 더 포우스트 어-피쓰   👩 우체국 맞은편에 있어요.

47

● 다음 대화를 듣고 따라 말해보세요.

 I need a new scarf for winter.
아이 **니**드 어 **누**우 스카알프 펄 **윈**털

 What color are you *looking for?
왓 **컬**럴 얼 유 **르**킹 펄

 I'm looking for a blue scarf. It's my favorite color.
아임 **르**킹 펄 어 블루 스카알프. 잇츠 마이 **페**이버릿 **컬**럴

 I saw some in the store downtown.
아이 **써**어 **썸** 인 더 스**토**얼 **다**운타운

 Are they expensive?
얼 데이 익스**펜**씨브

 No, they're *having a sale.
노우, 데이얼 **해**빙 어 세일

 Let's go together next weekend.
렛츠 고우 터**게**덜 넥스트 **위**-켄드

 Yes, that's a great idea.
예쓰, **댓**츠 어 그**뤠**잇 아이**디**-어

🗨️ 겨울에 쓸 새 스카프가 필요해요.
🗨️ 어떤 색을 찾고 있어요?
🗨️ 파란 스카프를 찾고 있어요. 제가 가장 좋아하는 색이에요.
🗨️ 시내에 있는 가게에서 몇 개 봤어요.
🗨️ 비싼 편인가요?
🗨️ 아니요, 지금 세일 중이거든요.
🗨️ 다음 주말에 같이 가요.
🗨️ 네, 좋은 생각이에요.

* · **look for** [룩 펄] ~을 찾다
· **have a sale** [해브 어 세일] 세일하다

48

회화 표현 확장하기

● 다음 문장을 듣고 따라 말해보세요.

색상과 취향에 대해 말할 때

색상과 취향에 관련된 표현을 꼭 알아두세요.

I love the color.
아이 러브 더 컬러

색깔이 너무 예뻐요.

What's your favorite color?
왓츠 유얼 페이버릿 컬러

가장 좋아하는 색깔이 뭐예요?

I like red shoes.
아이 라익 뤠드 슈즈

저는 빨간 신발을 좋아해요.

She doesn't like bright colors.
쉬 더즌(트) 라익 브롸잇 컬럴즈

그녀는 밝은 색깔을
좋아하지 않아요.

Do you like this color?
두 유 라익 디쓰 컬러

이 색깔이 마음에 드나요?

That color looks good on you.
댓 컬러 룩스 근 언 유

그 색깔이 당신에게
잘 어울려요.

> **Tip** 'look'은 '~처럼 보인다'는 뜻입니다. 'look good'은 '좋아 보인다'는 말로, '잘 어울린다'라는 의미로 사용됩니다. 색상, 옷, 머리 스타일 등을 칭찬할 때 이 표현을 사용할 수 있습니다.

실력 다지기

● 주어진 단어의 의미로 적절한 것을 찾아 연결하세요.

winter coat · · 겨울 코트

gas station · · 가죽장갑

leather gloves · · 주유소

● 음원을 듣고, 빈칸에 알맞은 문장을 보기에서 골라 번호를 쓰세요.

보기
① I'm looking for a blue scarf.　② Don't be late.
③ Have you been to Paris?

I need a new scarf for winter.

What color are you looking for?

_____ It's my favorite color.

I saw some in the store downtown.

Are they expensive?

No, they're having a sale.

Let's go together next weekend.

Yes, that's a great idea.

● 다음 빈칸에 알맞은 단어를 보기에서 골라 번호를 쓰세요.

보기
① favorite color　② bright colors　③ red shoes

· What's your _____?　가장 좋아하는 색깔이 뭐예요?

· I like _____.　저는 빨간 신발을 좋아해요.

· She doesn't like _____.　그녀는 밝은 색깔을 좋아하지 않아요.

써보기 ✏️

● 문장을 2번씩 직접 써보고, 소리 내어 말해보세요.

1 파란색 스카프를 찾고 있어요. 아임 르킹 펄 어 블루 스카알프

2 겨울 코트를 찾고 있어요. 아임 르킹 펄 어 윈털 코우트

3 한식당을 찾고 있어요. 아임 르킹 펄 어 코어뤼-언 뤠스터뢴트

4 휴대폰 케이스를 찾고 있어요. 아임 르킹 펄 어 포운 케이스

Do you have a fever?

열이 있나요?

💬 특정한 물건, 서비스, 시설이
   있는지 확인할 수 있습니다.

💬 필요한 정보가 있는지
   물어볼 수 있습니다.

● 오늘 학습할 패턴을 익혀보세요.

○○○가 있나요?

Do you have ○○○?

두 유 해브 ○○○

Do you have ~ ? [두 유 해브]는 무언가를 가지고 있는지 물어볼 때 사용할 수 있습니다. 가게에서 물건을 찾을 때 또는 누군가에게 특정한 것이 있는지 확인할 때 유용한 패턴입니다.

Do you have a charger?
두   유   해브   어   촤알쥘

충전기 있어요?

Do you have chopsticks?
두   유   해브   촵스틱스

젓가락 있나요?

Do you have anything cheaper?
두   유   해브   에니씽   취-펄

더 싼 것 있나요?

✓ 단어 체크

charger [촤알쥘] 충전기   **chopsticks** [촵스틱스] 젓가락
cheaper [취-펄] 값이 더 싼

패턴 연습하기

● 빈칸에 단어를 넣어 배운 패턴을 연습해 보세요.

Do you have ⬚ ?

⬚ 가 있나요?

fever 피-벌 열	**Korean** 코어뤼-언 한국어
recommendation 뤠커멘데이션 추천	**spare key** 스페얼 키- 여분의 열쇠

● 대화 속에서 패턴을 연습해 보세요.

1 **Do you have** a fever?
두 유 해브 어 피-벌

열이 있나요?

 Yes, I have a fever.
예쓰, 아이 해브 어 피-벌

네, 열이 있어요.

2 **Do you have** a menu in Korean?
두 유 해브 어 메뉴- 인 코어뤼-언

한국어로 된
메뉴판이 있나요?

 We only have an English menu.
위 오운리 해브 언 잉글리쉬 메뉴-

영어 메뉴만 있어요.

● 다음 대화를 듣고 따라 말해보세요.

My phone battery is *almost dead.
마이   포운   배터뤼 이즈 어얼모우스트   데드

Do you need a charger?
두 유   니드 어   촤알줠

Yes, do you have a charger?
예쓰, 두 유   해브 어   촤알줠

I have one here.
아이 해브 원   히얼

Can I use it *for a moment?
캔 아이 유-즈 잇 펄 어   모우먼트

Sure, take your time.
슈얼, 테이크 유얼 타임

Thank you so much.
쌩큐   쏘우 머취

It was nothing.
잇 워즈   너씽

제 휴대폰 배터리가 거의 다 됐어요.
충전기가 필요하신가요?
네, 충전기 있나요?
여기 있어요.
잠깐 사용해도 될까요?
물론이죠, 편하게 사용하세요.
정말 고마워요.
별거 아니에요.

> · almost [어얼모우스트] 거의
>
> · for a moment
>
>   [펄 어 모우먼트] 잠시 동안

● 다음 문장을 듣고 따라 말해보세요.

휴대폰에 대해 말할 때

휴대폰과 관련된 표현을 꼭 알아두세요.

I'm calling my friend.
아임 커얼링 마이 프뤤드

저는 친구에게 전화하고 있어요.

My screen is cracked.
마이 스크륀 이즈 크뢕트

제 화면이 깨졌어요.

I'm taking a selfie.
아임 테이킹 어 쎌-피

셀카를 찍고 있어요.

> **Tip** 한국에서는 자기 모습을 찍는 것을 '셀카'라고 하지만, 영어로는 '셀피(selfie)'라고 표현합니다. '셀피'는 '셀프(self)'와 '필름(film)'의 합성어입니다.

My phone is on silent mode.
마이 포운 이즈 언 싸일런트 모우드

제 휴대폰이 무음 모드예요.

I changed my ringtone.
아이 췌인쥐드 마이 륑토운

벨 소리를 바꿨어요.

My phone is slow.
마이 포운 이즈 슬로우

제 휴대폰이 느려요.

실력 다지기

● 주어진 단어의 의미로 적절한 것을 찾아 연결하세요.

chopsticks   •   • 열

fever   •   • 추천

recommendation •   • 젓가락

● 음원을 듣고, 빈칸에 알맞은 문장을 보기에서 골라 번호를 쓰세요.

> 보기
> ① do you have a charger?　② I'm looking for a blue scarf.
> ③ can you pick me up later?

My phone battery is almost dead.

Do you need a charger?

Yes, _____

I have one here.

Can I use it for a moment?

Sure, take your time.

Thank you so much.

It was nothing.

● 다음 빈칸에 알맞은 단어를 보기에서 골라 번호를 쓰세요.

> 보기
> ① slow　　② cracked　　③ ringtone

· My screen is _____.　제 화면이 깨졌어요.

· I changed my _____.　벨 소리를 바꿨어요.

· My phone is _____.　제 휴대폰이 느려요.

써보기 ✏️

● 문장을 2번씩 직접 써보고, 소리 내어 말해보세요.

1 충전기 있어요? 두 유 해브 어 촤알줠

2 젓가락 있나요? 두 유 해브 촵스틱스

3 더 싼 것 있나요? 두 유 해브 에니씽 취-펄

4 열이 있나요? 두 유 해브 어 피-벌

원어민 음원 듣기

Can I try this coat on?

이 코트 입어봐도 될까요?

💬 옷을 입어보고 싶다고
물어볼 수 있습니다.

💬 액세서리를 착용해 보고 싶다고
요청할 수 있습니다.

이 코트 입어봐도 될까요?

물론이죠, 밖에
거울이 있어요.

● 오늘 학습할 패턴을 익혀보세요.

○○○를 입어봐도 될까요?

Can I try ○○○ on?

캔 아이 츄롸이 ○○○ 언

Can I try ~ on ? [캔 아이 츄롸이 언]은 옷이나 신발 등을 입어보고 싶을 때 사용할 수 있습니다. 쇼핑할 때 특히 유용하며, 사이즈나 스타일을 확인하기 위해 사용됩니다.

Can I try this on?

캔 아이 츄롸이 디쓰 언

이거 입어봐도 될까요?

Can I try this dress on?

캔 아이 츄롸이 디쓰 드뤠쓰 언

이 원피스 입어봐도 될까요?

Can I try this necklace on?

캔 아이 츄롸이 디쓰 넥클러쓰 언

이 목걸이 해봐도 될까요?

✓ 단어 체크

this [디쓰] 이것 **dress** [드뤠쓰] 원피스

necklace [넥클러쓰] 목걸이

● 빈칸에 단어를 넣어 배운 패턴을 연습해 보세요.

Can I try [   ] on?

[   ]를 입어봐도 될까요?

coat
코우트

코트

shoes
슈즈

신발

belt
벨트

벨트

jeans
쥐인즈

청바지

● 대화 속에서 패턴을 연습해 보세요.

1 **Can I try this coat on?**

캔 아이 츄롸이 디쓰 코우트 언

이 코트 입어봐도 될까요?

Of course, there are mirrors outside.

어브 코얼쓰, 데얼 얼 미뤌즈 아웃싸이드

물론이죠, 밖에 거울이 있어요.

2 **Can I try these shoes on?**

캔 아이 츄롸이 디즈 슈즈 언

이 신발 신어 봐도 될까요?

What size do you need?

왓 싸이즈 두 유 니-드

어떤 사이즈가 필요하세요?

● 다음 대화를 듣고 따라 말해보세요.

 This jacket looks nice.
디쓰 쫴킷 륵스 나이쓰

 Yes, it's a *popular style.
예쓰, 잇츠 어 파-펼럴 스타일

 Can I try this on?
캔 아이 츄롸이 디쓰 언

 Of course, the *fitting room is over there.
어브 코얼쓰, 더 피팅 루움 이즈 오우벌 데얼

 Thanks. How does it look?
쌩쓰. 하우 더즈 잇 륵

 It looks good on you!
잇 륵스 귿 언 유

 Do you have it in a larger size?
두 유 해브 잇 인 어 라알쥘 싸이즈

 Let me check for you.
렛 미 췍 펄 유

이 재킷이 멋져 보여요.
네, 인기 있는 스타일이에요.
이거 입어봐도 될까요?
물론이죠, 탈의실은 저쪽에 있어요.
고마워요. 어떤가요?
정말 잘 어울리세요!
더 큰 사이즈 있나요?
확인해 볼게요.

· popular [파-펼럴] 인기 있는
· fitting room [피팅 루움] 탈의실

64

● 다음 문장을 듣고 따라 말해보세요.

옷에 대해 말할 때

옷과 관련된 표현을 꼭 알아두세요.

These shoes are very comfortable.

디즈　슈즈　얼　베뤼　컴퍼터벌　이 신발은 매우 편해요.

This shirt is too small for me. 이 셔츠는 내게 너무 작아요.

디쓰　셔얼트 이즈 투-　스머얼　펄　미

> **Tip** 'very'는 정도를 강조할 때 사용되며, 주로 형용사나 부사 앞에 옵니다. 'too'
> 는 '지나치게'라는 의미로, 보통 부정적인 상황을 나타낼 때 사용됩니다.

Do you like this dress? 이 원피스 마음에 들어요?

두　유　라익　디쓰　드뤠쓰

Can you help me tie my tie? 넥타이 매는 거 좀 도와줄래요?

캔　유　헬프　미　타이 마이　타이

I bought this jacket on sale. 이 재킷을 세일할 때 샀어요.

아이 버엇　디쓰　좨킷　언　쩨일

My sweater shrank in the wash. 세탁하고 나니 내 스웨터가

마이　스웨털　쉬뢩크　인 더　와-쉬　줄어들었어요.

실력 다지기

● 주어진 단어의 의미로 적절한 것을 찾아 연결하세요.

necklace •   • 청바지

shoes   •   • 신발

jeans   •   • 목걸이

● 음원을 듣고, 빈칸에 알맞은 문장을 [보기]에서 골라 번호를 쓰세요.

> [보기]
> ① Can I try this on?   ② You're so beautiful.
> ③ Why don't you ask for help?

🧑 This jacket looks nice.

👩 Yes, it's a popular style.

🧑 _____

👩 Of course, the fitting room is over there.

🧑 Thanks. How does it look?

👩 It looks good on you!

🧑 Do you have it in a larger size?

👩 Let me check for you.

● 다음 빈칸에 알맞은 단어를 [보기]에서 골라 번호를 쓰세요.

> [보기]
> ① dress   ② tie my tie   ③ comfortable

· These shoes are very _____.   이 신발은 매우 편해요.

· Do you like this _____?   이 원피스 마음에 들어요?

· Can you help me _____?   넥타이 매는 거 좀 도와줄래요?

66

써보기 ✏️

● 문장을 2번씩 직접 써보고, 소리 내어 말해보세요.

1 이거 입어봐도 될까요?   캔 아이 츄롸이 디쓰 언

2 이 원피스 입어봐도 될까요?   캔 아이 츄롸이 디쓰 드뤠쓰 언

3 이 목걸이 해봐도 될까요?   캔 아이 츄롸이 디쓰 넥클러쓰 언

4 이 코트 입어봐도 될까요?   캔 아이 츄롸이 디쓰 코우트 언

Unit

08

원어민 음원 듣기

I will have the salmon.

연어로 주세요.

💬 원하는 음식이나 음료를 선택하여
주문할 수 있습니다.

💬 여러 음식 옵션 중에서 원하는 것을
선택할 수 있습니다.

오늘 연어가 아주 신선해요.

연어로 주세요.

● 오늘 학습할 패턴을 익혀보세요.

○○○로 주세요.

I will have ○○○.

아이 윌 해브 ○○○

I will have ~ [아이 윌 해브]는 식당에서 원하는 음식을 주문할 때 사용할 수 있습니다. 원하는 음식이나 음료를 선택한 후, 이 패턴을 사용해서 주문해 보세요.

I will have the fruit salad.
아이 윌　해브　더　프룻　샐러드

과일 샐러드로 주세요.

I will have the beef steak.
아이 윌　해브　더　비-프　스테이크

소고기 스테이크로 주세요.

I will have a cup of coffee.
아이 윌　해브　어　컵　어브　커-피

커피 한 잔 주세요.

✓ 단어 체크

fruit salad [프룻 샐러드] 과일 샐러드　**beef steak** [비-프 스테이크] 소고기 스테이크
a cup of coffee [어 컵 어브 커-피] 커피 한 잔

패턴 연습하기

● 빈칸에 단어를 넣어 배운 패턴을 연습해 보세요.

I will have ⬚.

⬚로 주세요.

salmon

쎄먼

연어

*[l]은 발음되지 않아요.

chicken curry

취킨　커어뤼

치킨 카레

a glass of

어　글래쓰　어브

한 잔의

seafood pasta

씨-푸-드　파-스터

해물 파스타

● 대화 속에서 패턴을 연습해 보세요.

1 **I will have the salmon.**

아이 윌 해브 더 쎄먼

연어로 주세요.

The salmon is very fresh today.

더　쎄먼　이즈 베뤼　프뤠쉬　터데이

*[l]은 발음되지 않아요.

오늘 연어가
아주 신선해요.

2 **I will have the chicken curry.**

아이 윌 해브 더 취킨 커어뤼

치킨 카레로 주세요.

Would you like a drink with that?

우쥬　라잌 어 쥬륑크　윋　댓

음료도 주문하시겠어요?

71

소통하기

● 다음 대화를 듣고 따라 말해보세요.

I'm looking for something *healthy.
아임 르킹 펄 썸씽 헬씨

How about a salad?
하우 어바웃 어 샐러드

I will have the fruit salad.
아이 윌 해브 더 프룻 샐러드

I *recommend the Greek salad, too.
아이 뤠커멘드 더 그뤽 샐러드, 투-

Maybe next time.
메이비 넥스트 타임

Do you need anything to drink?
두 유 니드 에니씽 투 쥬륑크

Just water, please.
줘스트 워-털, 플리-즈

All right, I will get that for you.
어얼 롸잇, 아이 윌 겟 댓 펄 유

건강한 것을 찾고 있어요.
샐러드는 어때요?
과일 샐러드로 주세요.
그리스 샐러드도 추천드려요.
다음에 고려해 볼게요.
음료는 필요하신가요?
물만 주세요.
알겠습니다, 가져다드릴게요.

*
- healthy [헬씨] 건강한
- recommend [뤠커멘드] 추천하다

● 다음 문장을 듣고 따라 말해보세요.

건강 관리를 할 때

건강 관리와 관련된 표현을 꼭 알아두세요.

I eat healthy food.
아이 잇 헬씨 푸-드

저는 건강한 음식을 먹어요.

I drink a lot of water.
아이 드륑크 어 랏 어브 워-털

저는 물을 많이 마셔요.

I go to bed early.
아이 고우 투 베드 어얼리

저는 일찍 잠자리에 들어요.

I exercise every morning.
아이 엑썰싸이즈 에브뤼 모얼닝

저는 매일 아침 운동해요.

I eat fruits and vegetables.
아이 잇 프룻츠 앤 베쥐터벌즈

저는 과일과 채소를 먹어요.

I try to stay positive.
아이 츄롸이 투 스테이 파-저티브

저는 긍정적인 태도를 유지하려고 해요.

> **Tip** 'stay+형용사'는 현재의 상태나 감정을 유지하는 상황에서 사용하는 표현입니다. 'stay positive'는 '긍정적인 태도를 유지하다'라는 뜻으로, 보통 다른 사람들에게 격려나 조언을 줄 때 사용합니다.

실력 다지기

● 주어진 단어의 의미로 적절한 것을 찾아 연결하세요.

beef steak　　•　　　　　　　　　• 해물 파스타

salmon　　•　　　　　　　　　　• 연어

seafood pasta　•　　　　　　　　• 소고기 스테이크

● 음원을 듣고, 빈칸에 알맞은 문장을 보기 에서 골라 번호를 쓰세요.

> 보기
> ① You look so serious.　② I've been to New York.
> ③ I will have the fruit salad.

I'm looking for something healthy.

How about a salad?

_____

I recommend the Greek salad, too.

Maybe next time.

Do you need anything to drink?

Just water, please.

All right, I will get that for you.

● 다음 빈칸에 알맞은 단어를 보기 에서 골라 번호를 쓰세요.

> 보기
> ① healthy food　　② stay positive　　③ early

· I eat _____.　저는 건강한 음식을 먹어요.

· I go to bed _____.　저는 일찍 잠자리에 들어요.

· I try to _____.　저는 긍정적인 태도를 유지하려고 해요.

74

써보기 ✏️

● 문장을 2번씩 직접 써보고, 소리 내어 말해보세요.

1 과일 샐러드로 주세요. 아이 윌 해브 더 프룻 샐러드

2 소고기 스테이크로 주세요. 아이 윌 해브 더 비-프 스테이크

3 커피 한 잔 주세요. 아이 윌 해브 어 컵 어브 커-피

4 연어로 주세요. 아이 윌 해브 더 쌔먼

09

원어민 음원 듣기

I'd like to get a map.

지도를 받고 싶어요.

💬 어떤 행동을 하고 싶다고 표현할 때
   사용할 수 있습니다.

💬 식당, 호텔 등에서 특정 서비스나
   상품을 요청할 수 있습니다.

지도를 받고 싶어요.

로비에 지도가
몇 개 있어요.

● 오늘 학습할 패턴을 익혀보세요.

○○○ 하고 싶어요.
I'd like to ○○○.
아이드 라익 투 ○○○

I'd like to ~ [아이드 라익 투]는 어떤 행동을 하고 싶다고 할 때 사용할 수 있습니다. 이 패턴으로 자신의 의사나 계획을 정중하게 전달할 수 있습니다.

I'd like to check in.
아이드 라익 투 췌크 인

체크인하고 싶어요.

I'd like to get a refund.
아이드 라익 투 겟 어 뤼-펀드

환불받고 싶어요.

I'd like to rent a car.
아이드 라익 투 뤤트 어 카알

차를 빌리고 싶어요.

단어 체크

check in [췌크 인] 체크인하다   get a refund [겟 어 뤼-펀드] 환불받다
rent a car [뤤트 어 카알] 차를 빌리다

● 빈칸에 단어를 넣어 배운 패턴을 연습해 보세요.

I'd like to [＿＿＿＿＿].

[＿＿＿＿＿] 하고 싶어요.

get	order
겟	오얼덜
받다	주문하다

propose a toast	book
프뤄포우즈 어 토우스트	븍
건배를 제의하다	예약하다

● 대화 속에서 패턴을 연습해 보세요.

1 **I'd like to get a map.**
아이드 라익 투 겟 어 맵

지도를 받고 싶어요.

There are some maps in the lobby.
데얼 얼 썸 맵스 인 더 라-비

로비에 지도가 몇 개 있어요.

2 **I'd like to order room service.**
아이드 라익 투 오얼덜 루움 써얼비쓰

룸서비스를 주문하고 싶어요.

What would you like to order?
왓 우쥬 라익 투 오얼덜

무엇을 주문하시겠어요?

● 다음 대화를 듣고 따라 말해보세요.

 This shirt is too small.
디쓰 셔얼트 이즈 투- 스머얼

 Do you want a different size?
두 유 원투 어 디프뤈트 싸이즈

 No, I'd like to *get a refund.
노우, 아이드 라익 투 겟 어 뤼-펀드

 Okay, do you have the *receipt?
오우케이, 두 유 해브 더 뤼씨-트

 Yes, here it is.
예쓰, 히얼 잇 이즈

 I will take care of this. Please wait a moment.
아이 윌 테이크 케얼 어브 디쓰. 플리-즈 웨잇 어 모우먼트

 How long will it take?
하우 러엉 윌 잇 테이크

 Just a few minutes.
쥐스트 어 퓨- 미닛츠

🧑 이 셔츠가 너무 작아요.
👩 다른 사이즈를 원하세요?
🧑 아니요, 환불을 받고 싶어요.
👩 알겠습니다, 영수증 가지고 계신가요?
🧑 네, 여기 있어요.
👩 처리해 드릴게요. 잠시 기다려 주세요.
🧑 얼마나 걸리나요?
👩 몇 분이면 돼요.

* · get a refund
[겟 어 뤼-펀드] 환불하다
· receipt [뤼씨-트] 영수증

● 다음 문장을 듣고 따라 말해보세요.

환불하거나 교환할 때

환불하거나 교환할 때 사용하는 표현을 꼭 알아두세요.

I have the receipt.
아이 해브 더 뤼씨-트

영수증 가지고 있어요.

How do I return this?
하우 두 아이 뤼터언 디쓰

이것을 어떻게 반품하나요?

This item is damaged.
디쓰 아이텀 이즈 대미쥐드

이 상품이 손상됐어요.

Can I exchange this?
캔 아이 익쓰췌인쥐 디쓰

이것을 교환할 수 있나요?

> **Tip** 쇼핑한 것이 마음에 들지 않으면 '교환(exchange)'하거나 '환불(refund)'을 요청합니다. 이때, '교환보다 환불을 원한다.'고 말하려면 'I prefer a refund, not exchange.'라고 하면 됩니다.

I need a smaller size.
아이 니드 어 스멀러 싸이즈

더 작은 사이즈가 필요해요.

I bought this yesterday.
아이 버엇 디쓰 예스털데이

이것을 어제 샀어요.

실력 다지기

● 주어진 단어의 의미로 적절한 것을 찾아 연결하세요.

get a refund ·   · 환불받다

rent a car ·   · 주문하다

order ·   · 차를 빌리다

● 음원을 듣고, 빈칸에 알맞은 문장을 보기에서 골라 번호를 쓰세요.

보기
① I want you to be careful.   ② I'd like to get a refund.
③ I will have the salmon.

This shirt is too small.

Do you want a different size?

No, _____

Okay, do you have the receipt?

Yes, here it is.

I will take care of this. Please wait a moment.

How long will it take?

Just a few minutes.

● 다음 빈칸에 알맞은 단어를 보기에서 골라 번호를 쓰세요.

보기
① smaller size   ② damaged   ③ receipt

· I have the _____.   영수증 가지고 있어요.

· This item is _____.   이 상품이 손상됐어요.

· I need a _____.   더 작은 사이즈가 필요해요.

써보기 ✏️

● 문장을 2번씩 직접 써보고, 소리 내어 말해보세요.

1 체크인하고 싶어요. 아이드 라익 투 췌크 인

2 환불받고 싶어요. 아이드 라익 투 겟 어 뤼-펀드

3 차를 빌리고 싶어요. 아이드 라익 투 뤤트 어 카알

4 지도를 받고 싶어요. 아이드 라익 투 겟 어 맵

원어민 음원 듣기

Where is the fitting room?

탈의실은 어디에 있어요?

💬 특정 장소나 대상의 위치를
물어볼 수 있습니다.

💬 잃어버린 물건이나 사람의
위치를 물어볼 수 있습니다.

탈의실은 어디에 있어요?

계단 옆에 있어요.

● 오늘 학습할 패턴을 익혀보세요.

○○○은 어디에 있어요?

Where is ○○○?

웨얼 이즈 ○○○

Where is ~? [웨얼 이즈]는 장소나 물건의 위치를 물어볼 때 사용할 수 있습니다. 무엇인가를 찾고 있을 때 유용한 패턴입니다. 'Where's'라고 짧게 줄여서 말하기도 합니다.

Where is the parking lot?
웨얼 이즈 더 파알킹 라-트

주차장은 어디에 있어요?

Where is the restroom?
웨얼 이즈 더 뤠스트루움

화장실은 어디에 있어요?

Where is the gas station?
웨얼 이즈 더 개스 스테이션

주유소는 어디에 있어요?

✓ 단어 체크

parking lot [파알킹 라-트] 주차장   **restroom** [뤠스트루움] 화장실
gas station [개스 스테이션] 주유소

86

● 빈칸에 단어를 넣어 배운 패턴을 연습해 보세요.

Where is ___?

___은 어디에 있어요?

fitting room
피팅   루움

탈의실

post office
포우스트   어-피쓰

우체국

convenience store
컨비-니언스   스토얼

편의점

taxi stand
택씨   스탠드

택시 승차장

● 대화 속에서 패턴을 연습해 보세요.

1 **Where is** the fitting room?
웨얼 이즈 더   피팅   루움

탈의실은 어디에 있어요?

 It's next to the stairs.
잇츠 넥스트 투 더 스테얼즈

계단 옆에 있어요.

2 **Where is** the post office?
웨얼 이즈 더 포우스트 어-피쓰

가장 가까운 우체국은 어디에 있어요?

It's just one block away.
잇츠 줘스트 원 블라-크 어웨이

한 블럭만 가면 돼요.

87

● 다음 대화를 듣고 따라 말해보세요.

I'm late for a meeting. Where can I park my car *quickly?
아임 **레이트** 펄 어 **미**-팅. **웨얼** 캔 아이 **파알크** 마이 **카**알 **퀴**클리

There's a *parking lot nearby.
데얼즈 어 **파알킹** 라-트 **니**얼바이

Where is the parking lot?
웨얼 이즈 더 **파알킹** 라-트

Turn right at the next corner, and you will see it.
터언 **롸**잇 앳 더 **넥**스트 **코**얼널, 앤 유 윌 **씨** 잇

Is it expensive?
이즈 잇 익쓰**펜**씨브

It's not expensive, just $2 per hour. *[h]는 발음되지 않아요.
잇츠 **낫** 익쓰**펜**씨브, **쥐**스트 **투**- **다**알럴즈 펄 **아**우얼

Great, thanks for the information!
그**뤠**잇, **쌩**쓰 펄 디 인펄**메**이션

You're welcome! Drive *safely.
유얼 **웰**컴! 드**롸**이브 **쎄**이플리

회의에 늦었어요. 차를 빠르게 주차할 곳이 어디 있어요?
근처에 주차장이 있어요.
주차장이 어디에 있죠?
다음 코너에서 오른쪽으로 돌면 바로 보일 거예요.
비싼가요?
비싸지 않아요. 시간당 2달러예요.
좋네요, 정보 감사합니다!
천만에요! 안전 운전하세요.

> ✱
> · **quickly** [퀴클리] 빠르게
> · **parking lot** [파알킹 라-트] 주차장
> · **safely** [쎄이플리] 안전하게

88

회화 표현 확장하기

● 다음 문장을 듣고 따라 말해보세요.

> **약속 시간에 늦었을 때**
>
> 약속에 늦었을 때 말할 수 있는 표현을 알아두세요.

What took you so long?
왓 특 유 쏘우 러엉

왜 이렇게 늦었어요?

Thank you for waiting.
쌩큐 펄 웨이팅

기다려 주셔서 고마워요.

I couldn't find a parking spot.
아이 쿠든(트) 파인드 어 파알킹 스파트

주차 자리를 찾지 못했어요.

I had an accident on the way.
아이 해드 언 액씨던트 언 더 웨이

오는 도중에 사고가 났어요.

I got stuck in traffic.
아이 갓 스턱 인 츄뤠픽

차가 막혀서 움직일 수 없었어요.

> **Tip** 'get stuck in traffic'은 교통체증에 꼼짝할 수 없는 상황을 의미합니다. 비슷하게, 'I got stuck at work.'는 일이 많아서 직장에서 벗어나지 못하는 상황을 말합니다.

Sorry to keep you waiting.
쏘어뤼 투 킾 유 웨이팅

기다리게 해서 죄송해요.

실력 다지기

● 주어진 단어의 의미로 적절한 것을 찾아 연결하세요.

restroom   ●   ● 편의점

post office   ●   ● 우체국

convenience store ●   ● 화장실

● 음원을 듣고, 빈칸에 알맞은 문장을 보기 에서 골라 번호를 쓰세요.

> 보기
>
> ① Do you have a fever?   ② You look good.
> ③ Where is the parking lot?

I'm late for a meeting. Where can I park my car quickly?

There's a parking lot nearby.

_____

Turn right at the next corner, and you will see it.

Is it expensive?

It's not expensive, just $2 per hour.

Great, thanks for the information!

You're welcome! Drive safely.

● 다음 빈칸에 알맞은 단어를 보기 에서 골라 번호를 쓰세요.

> 보기
>
> ① waiting   ② on the way   ③ parking spot

· Thank you for _____.   기다려 주셔서 고마워요.

· I couldn't find a _____.   주차 자리를 찾지 못했어요.

· I had an accident _____.   오는 도중에 사고가 났어요.

90

써보기 ✏️

● 문장을 2번씩 직접 써보고, 소리 내어 말해보세요.

1 주차장은 어디에 있어요? 웨얼 이즈 더 파알킹 라-트

2 화장실은 어디에 있어요? 웨얼 이즈 더 뤠스트루움

3 주유소는 어디에 있어요? 웨얼 이즈 더 개스 스테이션

4 탈의실은 어디에 있어요? 웨얼 이즈 더 피팅 루움

Unit
11

원어민 음원 듣기

How do I get to the bank?

은행은 어떻게 가나요?

💬 특정 장소나 목적지로 가는
방법을 물어볼 수 있습니다.

💬 여행 중 관광지나 레스토랑 등의
위치를 물을 수 있습니다.

은행은 어떻게 가나요?

첫 번째 코너에서
우회전하세요.

● 오늘 학습할 패턴을 익혀보세요.

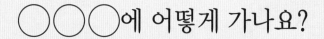

○○○에 어떻게 가나요?

How do I get to ○○○?
하우 두 아이 겟 투

How do I get to ~? [하우 두 아이 겟 투]는 특정 목적지까지 가는 방법을 물어볼 때 사용할 수 있습니다. 여행 중 길을 찾거나 방향을 물어볼 때 유용한 패턴입니다.

How do I get to the train station?
하우　두 아이 **겟** 투 더　츄뤠인　스테이션
기차역에 어떻게 가나요?

How do I get to the park?　공원에 어떻게 가나요?
하우　두 아이 **겟** 투 더　파알크

How do I get to the shopping mall?
하우　두 아이 **겟** 투 더　샤-핑　머얼
쇼핑몰에 어떻게 가나요?

✓ 단어 체크

train station [츄뤠인 스테이션] 기차역　**park** [파알크] 공원
shopping mall [샤-핑 머얼] 쇼핑몰

● 빈칸에 단어를 넣어 배운 패턴을 연습해 보세요.

How do I get to ⬚ ?

⬚ 에 어떻게 가나요?

bank
뱅크

은행

bus stop
버스   스타압

버스 정류장

post office
포우스트   어-피쓰

우체국

hotel
호우텔

호텔

● 대화 속에서 패턴을 연습해 보세요.

1 **How do I get to the bank?**
하우 두 아이 겟 투 더 뱅크   은행은 어떻게 가나요?

Turn right at the first corner.
터언 롸잇 앳 더 퍼얼스트 코얼널   첫 번째 코너에서 우회전하세요.

2 **How do I get to the bus stop?**
하우 두 아이 겟 투 더 버스 스타압   버스 정류장은 어떻게 가나요?

It's across the street.
잇츠 어크뤼-쓰 더 스트뤼-트   길 건너에 있어요.

95

● 다음 대화를 듣고 따라 말해보세요.

I need to *catch a train in an hour. *[h]는 발음되지 않아요.

아이 **니드** 투   **캐취** 어 츄**뤠인** 인 언   아우얼

The train station isn't far from here.

더   츄**뤠인**   스테이션   이즌(트) **파**-알 프뤔   **히**얼

How do I get to the train station?

하우   두 아이 **겟** 투 더   츄**뤠인**   스테이션

Go straight and turn left at the *traffic lights.

고우   스트**뤠**이트   앤   **터**언 **레**프트 앳 더   츄**뤠픽**   **라**잇츠

Can I walk there?

캔 아이 **워**-크   **데**얼

Yes, you can walk there in 10 minutes.

예쓰, 유   캔   **워**-크   **데**얼 인 **텐**   **미**닛츠

Is there a coffee shop on the way?

이즈 데얼   어   **커**-피   **샤**압   언   더   **웨**이

Yes, there's one near the station.

예쓰,   **데**얼즈   **원**   니얼   더   스테이션

한 시간 안에 기차를 타야 해요.
여기서 기차역까지 멀지 않아요.
기차역에 어떻게 가나요?
직진하신 다음에 신호등에서 좌회전하세요.
거기까지 걸어갈 수 있나요?
네, 거기까지 걸어서 10분 걸려요.
가는 길에 커피숍이 있나요?
네, 역 근처에 하나 있어요.

> *****
> · catch a train
>   [캐취 어 츄**뤠**인] 기타를 타다
> · traffic light
>   [츄**뤠**픽 라잇트] 신호등

96

● 다음 문장을 듣고 따라 말해보세요.

대중교통 이용할 때

대중교통과 관련된 표현을 꼭 알아두세요.

Where can I buy a ticket?
웨얼   캔 아이 바이 어   티킷

표는 어디서 살 수 있어요?

How far is the train station?
하우 파-알 이즈 더 츄뤠인   스테이션

기차역은 얼마나 먼가요?

Which bus goes to the airport?
위치   버쓰 고우즈 투 디   에얼포얼트

어느 버스가 공항으로 가나요?

What time is the last train?
왓   타임 이즈 더 래스트 츄뤠인

마지막 기차는 몇 시예요?

Do I need to change trains?
두 아이 니드   투   췌인쥐   츄뤠인즈

기차를 갈아타야 하나요?

> **Tip** 'Do I need to change trains to get to the airport?' 같은 문장은 공항 가는 길에 기차 환승이 필요한지, 어떤 노선으로 갈아타야 하는지 구체적으로 물어볼 때 사용할 수 있습니다.

How much is the fare?
하우   머취 이즈 더   페얼

요금이 얼마인가요?

실력 다지기

● 주어진 단어의 의미로 적절한 것을 찾아 연결하세요.

park   •   • 공원

shopping mall •   • 버스 정류장

bus stop   •   • 쇼핑몰

● 음원을 듣고, 빈칸에 알맞은 문장을 보기 에서 골라 번호를 쓰세요.

> 보기
>
> ① You're so positive.   ② Where is the fitting room?
>
> ③ How do I get to the train station?

🙂 I need to catch a train in an hour.

🙂 The train station isn't far from here.

🙂 _____

🙂 Go straight and turn left at the traffic lights.

🙂 Can I walk there?

🙂 Yes, you can walk there in 10 minutes.

🙂 Is there a coffee shop on the way?

🙂 Yes, there's one near the station.

● 다음 빈칸에 알맞은 단어를 보기 에서 골라 번호를 쓰세요.

> 보기
>
> ① train station   ② last train   ③ buy a ticket

· Where can I _____?   표는 어디서 살 수 있어요?

· How far is the _____?   기차역은 얼마나 먼가요?

· What time is the _____?   마지막 기차는 몇 시예요?

써보기 ✏️

● 문장을 2번씩 직접 써보고, 소리 내어 말해보세요.

1 기차역에 어떻게 가나요?　하우 두 아이 겟 투 더 츄뤠인 스테이션

2 공원에 어떻게 가나요?　하우 두 아이 겟 투 더 파알크

3 쇼핑몰에 어떻게 가나요?　하우 두 아이 겟 투 더 샤-핑 머얼

4 은행은 어떻게 가나요?　하우 두 아이 겟 투 더 뱅크

What time is the last train?

마지막 기차는 몇 시인가요?

💬 어떤 사건이나 약속이 언제
시작되는지 물어볼 수 있습니다.

💬 활동이나 서비스의 시작 또는
종료 시각을 물어볼 수 있습니다.

● 오늘 학습할 패턴을 익혀보세요.

○○○은 몇 시인가요?
What time ○○○?
왓 타임 ○○○

What time ~? [왓 타임]은 특정 사건이나 활동이 언제 일어나는지 알고 싶을 때 사용할 수 있습니다. 이 표현은 정확한 시간을 묻거나 일정을 확인하고자 할 때 유용한 패턴입니다.

What time is the tour?
왓　타임　이즈　더　투얼

투어는 몇 시인가요?

What time is the next show?
왓　타임　이즈　더　넥스트　쇼우

다음 공연은
몇 시에 있나요?

What time does the museum open?
왓　타임　더즈　더　뮤지-엄　오우펀

박물관은 몇 시에 문을 여나요?

✓ 단어 체크

tour [투얼] 투어　**show** [쇼우] 공연
museum [뮤지-엄] 박물관

● 빈칸에 단어를 넣어 배운 패턴을 연습해 보세요.

What time [_____]?

[_____]은 몇 시인가요?

last train 래스트　츄뤠인 마지막 기차	**zoo** 주- 동물원
checkout 췌크아우트 (호텔에서) 체크아웃	**arrive** 어롸이브 도착하다

● 대화 속에서 패턴을 연습해 보세요.

1 **What time is the last train?**
왓　타임 이즈 더 래스트 츄뤠인

> 마지막 기차는 몇 시인가요?

 The last train is at 10 p.m.
더 래스트 츄뤠인 이즈 앳 텐 피-엠-

> 마지막 기차는 밤 10시에 있어요.

2 **What time does the zoo close?**
왓　타임 더즈 더 주- 클로우즈

> 동물원은 몇 시에 문을 닫나요?

 The zoo closes at 5 p.m.
더 주- 클로우지즈 앳 파이브 피-엠-

> 동물원은 오후 5시에 문을 닫아요.

103

● 다음 대화를 듣고 따라 말해보세요.

 I want to visit the art museum today.
아이 원투 비짓 디 아알트 뮤지-엄 터데이

 Okay, I'm *ready.
오우케이, 아임 뤠디

 What time does the museum *open?
왓 타임 더즈 더 뮤지-엄 오우펀

 It opens at 9 a.m.
잇 오우펀즈 앳 나인 에이-엠

 Do we need tickets?
두 위 니드 티킷츠

 Yes, we can buy tickets at the museum.
예쓰, 위 캔 바이 티킷츠 앳 더 뮤지-엄

 Let's have breakfast first.
렛츠 해브 브뤡퍼스트 퍼얼스트

 That's a great idea.
댓츠 어 그뤠잇 아이디-어

오늘 미술관에 방문하고 싶어요.
좋아요, 저는 준비됐어요.
미술관은 몇 시에 문을 열어요?
오전 9시에 문을 열어요.
표가 필요한가요?
네, 미술관에서 표를 살 수 있어요.
먼저 아침을 먹어요.
좋은 생각이에요.

* · ready [뤠디] 준비가 된
· open [오우펀] (문을) 열다

104

● 다음 문장을 듣고 따라 말해보세요.

식사할 때

식사와 관련된 표현을 꼭 알아두세요.

Let's eat out!
렛츠   잇   아웃

우리 외식해요!

> **Tip** 'eat out'은 식당이나 카페에서 식사하는 것으로, 친구들과 저녁을 먹거나 특별한 날 가족과 함께 외식할 때 사용합니다. 집에서 음식을 배달시켜 먹는 것은 'order in'이라고 합니다.

Wash your hands first!
와-쉬   유얼   핸즈   퍼얼스트

먼저 손 씻어요!

What's for dinner?
왓츠   펄   디널

오늘 저녁은 뭐예요?

What do you want for breakfast?
왓   두   유   원트   펄   브뤡퍼스트

아침으로 뭐 먹고 싶어요?

I have no time to eat.
아이 해브 노우 타임   투   잇

저는 밥 먹을 시간이 없어요.

I don't want to eat more.
아이 도운(트)   원투   잇   모얼

더 이상 못 먹겠어요.

● 주어진 단어의 의미로 적절한 것을 찾아 연결하세요.

museum •   • (호텔에서) 체크아웃

zoo •   • 동물원

checkout •   • 박물관

● 음원을 듣고, 빈칸에 알맞은 문장을 보기 에서 골라 번호를 쓰세요.

> 보기
> ① What time does the museum open?
> ② I've been to Japan.   ③ Let's go home.

I want to visit the art museum today.

Okay, I'm ready.

_____

It opens at 9 a.m.

Do we need tickets?

Yes, we can buy tickets at the museum.

Let's have breakfast first.

That's a great idea.

● 다음 빈칸에 알맞은 단어를 보기 에서 골라 번호를 쓰세요.

> 보기   ① breakfast   ② eat out   ③ eat more

· Let's _____!   우리 외식해요!

· What do you want for _____?   아침으로 뭐 먹고 싶어요?

· I don't want to _____.   더 이상 못 먹겠어요.

써보기 ✏️

● 문장을 2번씩 직접 써보고, 소리 내어 말해보세요.

1 투어는 몇 시인가요?   왓 타임 이즈 더 투얼

2 다음 공연은 몇 시에 있나요?   왓 타임 이즈 더 넥스트 쇼우

3 박물관은 몇 시에 문을 여나요?   왓 타임 더즈 더 뮤지-엄 오우펀

4 마지막 기차는 몇 시인가요?   왓 타임 이즈 더 래스트 츄뤠인

Unit

13

원어민 음원 듣기

You're really talented.

당신은 정말 재능이 있네요.

💬 상대방의 감정이나 상태를
말할 수 있습니다.

💬 상대방의 성격, 역할 등을
설명할 수 있습니다.

방금 첫 번째 그림을
완성했어요.

당신은 정말 재능이 있네요.

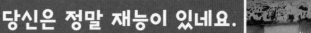

● 오늘 학습할 패턴을 익혀보세요.

당신은 ○○○ 해요.

You're ○○○.

유얼 ○○○

You're ~ [유얼]은 상대방에 대한 정보나 상태를 말할 때 사용할 수 있습니다. 누군가를 칭찬하거나 간단한 묘사를 할 때 유용한 패턴입니다.

You're smart.
유얼 스마알트

당신은 똑똑해요.

You're patient.
유얼 페이션트

당신은 인내심이 많네요.

You're so beautiful.
유얼 쏘우 뷰-티펄

당신은 정말 아름답네요.

✓ 단어 체크

smart [스마알트] 똑똑한 **patient** [페이션트] 참을성 있는
beautiful [뷰-티펄] 아름다운

● 빈칸에 단어를 넣어 배운 패턴을 연습해 보세요.

You're [   ].
당신은 [   ] 해요.

talented
탤런티드
재능이 있는

right
롸이트
옳은

positive
파-저티브
긍정적인

creative
크뤼에이티브
창의적인

● 대화 속에서 패턴을 연습해 보세요.

1 **I just finished my first painting.**
아이 쮀스트 피니쉬트 마이 **퍼**얼스트 **페**인팅

> 방금 첫 번째 그림을 완성했어요.

You're really talented.
유얼 뤼-얼리 **탤**런티드

> 당신은 정말 재능이 있네요.

2 **Don't worry, everything will be okay.**
도운(트) 워어뤼, 에브뤼씽 윌 비 오우케이

> 걱정하지 마요, 모두 다 잘 될 거예요.

You're so positive.
유얼 쏘우 **파**-저티브

> 당신은 매우 긍정적이에요.

111

● 다음 대화를 듣고 따라 말해보세요.

 I'm trying to learn English. Can you help me?
아임 츄롸잉 투 러언 잉글리쉬. 캔 유 헬프 미

 Sure, I can help you practice.
슈얼, 아이 캔 헬프 유 프뢕티쓰

 My *pronunciation isn't very good.
마이 프뤄넌씨에이션 이즌(트) 베뤼 귿

 Don't worry, it gets better with practice.
도운(트) 워리, 잇 겟츠 베털 윋 프뢕티쓰

 I hope I can speak *fluently one day.
아이 호웊 아이 캔 스피익 플루-언틀리 원 데이

 You will. You're patient.
유 윌. 유얼 페이션트

 Thank you for your *encouragement.
쌩큐 펄 유얼 인커뤼쥐먼트

 No problem. Keep practicing!
노우 프롸-블럼. 킵 프뢕티씽

영어를 배우려고 해요. 도와주실 수 있나요?
물론이죠, 연습을 도와드릴 수 있어요.
제 발음이 별로 안 좋아요.
걱정하지 마세요, 연습하면 더 나아질 거예요.
언젠가 유창하게 말하고 싶어요.
그럴 거예요. 당신은 인내심이 많잖아요.
격려해 주셔서 감사해요.
별말씀을요. 계속 연습하세요!

*
· **pronunciation** [프뤄넌씨에이션] 발음
· **fluently** [플루-언틀리] 유창하게
· **encouragement** [인커뤼쥐먼트] 격려

● 다음 문장을 듣고 따라 말해보세요.

언어를 학습할 때

언어 학습과 관련된 표현을 꼭 알아두세요.

What's this word in English?
왓츠   디쓰   워얼드   인   잉글리쉬   이 단어를 영어로 뭐라고 하나요?

I want to improve my speaking.
아이   원투   임프루-브   마이   스피-킹   말하기 실력을 향상하고 싶어요.

How often do you study English?
하우   어-펀   두   유   스터디   잉글리쉬   얼마나 자주 영어 공부해요?

Tip 'How often' 질문에 대한 답은 '빈도'를 나타내는 표현을 사용합니다. 예를 들어 'once a week'(일주일에 한 번), 'twice a month'(한 달에 두 번) 등으로 답할 수 있습니다.

How do you pronounce this?
하우   두   유   프뤄나운쓰   디쓰   이걸 어떻게 발음하나요?

Do you speak English?
두   유   스피-크   잉글리쉬   영어 할 줄 아세요?

I like learning English.
아이   라익   러얼닝   잉글리쉬   저는 영어 배우는 것을 좋아해요.

실력 다지기

● 주어진 단어의 의미로 적절한 것을 찾아 연결하세요.

beautiful ·   · 재능이 있는

positive ·   · 아름다운

talented ·   · 긍정적인

● 음원을 듣고, 빈칸에 알맞은 문장을 보기 에서 골라 번호를 쓰세요.

보기
① You're patient.   ② You look tired.
③ Don't be late.

I'm trying to learn English. Can you help me?

Sure, I can help you practice.

My pronunciation isn't very good.

Don't worry, it gets better with practice.

I hope I can speak fluently one day.

You will. _____

Thank you for your encouragement.

No problem. Keep practicing!

● 다음 빈칸에 알맞은 단어를 보기 에서 골라 번호를 쓰세요.

보기
① study English   ② in English   ③ learning English

· What's this word _____?   이 단어를 영어로 뭐라고 하나요?

· How often do you _____?   얼마나 자주 영어 공부해요?

· I like _____.   저는 영어 배우는 것을 좋아해요.

써보기 ✏️

● 문장을 2번씩 직접 써보고, 소리 내어 말해보세요.

1 당신은 똑똑해요. 유얼 스마아트

2 당신은 인내심이 많네요. 유얼 페이션트

3 당신은 정말 아름답네요. 유얼 쏘우 뷰-티펄

4 당신은 매우 긍정적이에요. 유얼 쏘우 파-저티브

Unit

14

원어민 음원 듣기

You look different today.

오늘따라 달라 보여요.

💬 상대방이 어떻게 보이는지
말할 수 있습니다.

💬 상대방의 외모를
칭찬할 수 있습니다.

오늘따라 달라 보여요.

머리를 새로 잘랐어요.

● 오늘 학습할 패턴을 익혀보세요.

○○○ 해 보여요.
You look ○○○.
유 륵 ○○○

You look ~ [유 륵]은 상대방의 외모나 인상에 관해 이야기할 때 사용할 수 있습니다. 상대방의 외모를 칭찬하거나 감성 상태를 추측할 때 유용한 패턴입니다.

You look good.
유 륵 근

좋아 보여요.

You look worried.
유 륵 워어뤄드

걱정돼 보여요.

You look so serious.
유 륵 쏘우 씨어뤼어쓰

너무 심각해 보여요.

✅ 단어 체크

good [근] 좋은 **worried** [워어뤄드] 걱정하는
serious [씨어뤼어쓰] 심각한

● 빈칸에 단어를 넣어 배운 패턴을 연습해 보세요.

You look [ ].

[ ] 해 보여요.

---

different
디프뤈트

다른

tired
타이얼드

피곤한

younger
영걸

더 어린

pretty
프뤼티

예쁜

● 대화 속에서 패턴을 연습해 보세요.

1 **You look** different today.
　유　　륵　　디프뤈트　　터데이

　　오늘따라 달라 보여요.

 Really? I got a new haircut.
뤼-얼리?　아이 갓 어 누우　헤얼컷

　정말요? 머리를
새로 잘랐어요.

2 **You look** tired.
　유　　륵　　타이얼드

　　피곤해 보여요.

　Yes, I didn't sleep well.
예쓰, 아이 디든(트)　슬리입　웰

　네, 잠을 잘 못 잤거든요.

119

● 다음 대화를 듣고 따라 말해보세요.

 I bought a new dress for the party.
아이 **보우트** 어 **누우** 드뤠쓰 펄 더 **파알티**

 Really? Can I see it?
뤼-얼리? 캔 아이 **씨-** 잇

 Yes, here it is. What do you think?
예쓰, 히얼 잇 이즈. **왓** 두 유 **씽크**

 Wow, you look good!
와우, 유 **륵** 근

 Thank you! I wasn't *sure about the color.
쌩큐! 아이 **워즌(트)** **슈얼** 어바웃 더 **컬럴**

 The color is perfect. You *chose well.
더 **컬럴** 이즈 **퍼얼픽트.** 유 **초우즈** **웰**

 I'm *glad you like it.
아임 **글래드** 유 **라이크** 잇

 You will be the star of the party!
유 **윌** 비 더 **스타알** 어브 더 **파알티**

파티를 위해 새 원피스를 샀어요.
정말요? 제가 볼 수 있을까요?
네, 여기 있어요. 어떻게 생각해요?
와, 잘 어울리네요!
고마워요! 색깔이 맞을지 잘 몰랐어요.
색이 완벽하네요. 잘 골랐네요.
마음에 드신다니 다행이네요.
파티에서 주인공이 될 거예요!

* · **sure** [슈얼] 확신하는
· **choose** [츄-즈] 선택하다
· **glad** [글래드] 기쁜

120

● 다음 문장을 듣고 따라 말해보세요.

파티, 모임에 갈 때

파티와 관련된 표현을 꼭 알아두세요.

Welcome to my place.　　　　우리 집에 오신 것을 환영합니다.

웰컴　　　투　마이　플레이쓰

> Tip　친구를 집에 초대할 때는 'place'라고 말해 보세요. 'house'는 전통적인 단독
> 주택을 말하지만, 'place'는 아파트나 콘도 같은 모든 거주지를 포함하는
> 일반적인 단어입니다.

Thank you for inviting me.　　초대해 주셔서 감사합니다.

쌩큐　　　펄　인**바**이팅　미

Can I bring a friend?　　　　친구를 데려가도 될까요?

캔　아이　브륑　어　프뤤드

I'm looking forward to the party.

아임　르킹　포얼월드　투　더　**파**알티　파티를 기대하고 있어요.

I'd like to make a toast.　　　　건배합시다.

아이드　라익　투　메이크　어　토우스트

Are you going to the party?　　파티에 갈 거예요?

얼　유　고우잉　투　더　**파**알티

실력 다지기

● 주어진 단어의 의미로 적절한 것을 찾아 연결하세요.

serious   •   • 다른

tired   •   • 피곤한

different •   • 심각한

● 음원을 듣고, 빈칸에 알맞은 문장을 보기 에서 골라 번호를 쓰세요.

> 보기
> ① you look good!   ② can you help me?
> ③ you're so creative.

I bought a new dress for the party.

Really? Can I see it?

Yes, here it is. What do you think?

Wow, _____

Thank you! I wasn't sure about the color.

The color is perfect. You chose well.

I'm glad you like it.

You will be the star of the party!

● 다음 빈칸에 알맞은 단어를 보기 에서 골라 번호를 쓰세요.

> 보기
> ① my place   ② make a toast   ③ inviting me

· Welcome to _____.   우리 집에 오신 것을 환영합니다.

· Thank you for _____.   초대해 주셔서 감사합니다.

· I'd like to _____.   건배합시다.

122

써보기 ✏️

● 문장을 2번씩 직접 써보고, 소리 내어 말해보세요.

1 좋아 보여요. 유 룩 귿

2 걱정돼 보여요. 유 룩 워어뤼드

3 너무 심각해 보여요. 유 룩 쏘우 씨어뤼어쓰

4 피곤해 보여요. 유 룩 타이얼드

123

Unit

15

원어민 음원 듣기

Have you tried Kimchi?

김치 먹어본 적이 있나요?

💬 상대방의 과거 특정한 경험에 관해
    물어볼 수 있습니다.

💬 상대방이 과거에 특정한 일을
    완료했는지 확인할 수 있습니다.

김치 먹어본 적이 있나요?

네, 하지만 저에게는
너무 매워요.

● 오늘 학습할 패턴을 익혀보세요.

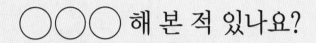

○○○ 해 본 적 있나요?

Have you ○○○?

해뷰 ○○○

Have you p.p. ~? [해뷰]는 과거에 무언가를 했었는지 물어볼 때 사용할 수 있습니다. 과거의 경험이나 행동에 대해 질문할 때 유용한 패턴입니다.

Have you been to Paris?
해뷰   빈   투   패뤼쓰

파리에 가본 적 있어요?

Have you read this book?
해뷰   뤠드   디쓰   븍

이 책 읽어본 적 있어요?

Have you met him before?
해뷰   멧   힘   비포얼   그를 전에 만난 적이 있어요?

✓ 단어 체크

Paris [패뤼쓰] 파리   **read** [뤼-드] 읽다
meet [밋] 만나다

126

● 빈칸에 단어를 넣어 배운 패턴을 연습해 보세요.

Have you [   ]?

[   ] 해 본 적 있나요?

try
츄롸이

시도하다

ghost
고우스트

귀신

be on a diet
비 언 어 다이어트

다이어트 중이다

ride a horse
롸이드 어 호얼쓰

말을 타다

● 대화 속에서 패턴을 연습해 보세요.

1 **Have you** tried Kimchi?
해뷰   츄롸이드   킴취

🗨 김치 먹어본 적이 있나요?

Yes, but it's too spicy for me.
예쓰, 벗 잇츠 투- 스파이씨 펄 미

🗨 네, 하지만 저에게는 너무 매워요.

2 **Have you** seen a ghost before?
해뷰   씨인 어 고우스트 비포얼

🗨 전에 귀신을 본 적이 있어요?

No, I don't believe in ghosts.
노우, 아이 도운(트) 빌리-브 인 고우스츠

🗨 아니요, 저는 귀신을 믿지 않아요.

127

● 다음 대화를 듣고 따라 말해보세요.

 What's your favorite city?
왓츠　　유얼　　페이버릿　씨티

 I love New York. What about you?
아이 러브 누우　요얼크.　　왓　　어바웃　유

 I love Paris. *Have you been to Paris?
아이 러브 패뤼쓰.　　　해뷰　　빈　투 패뤼쓰

 No, I haven't, but I'd love to go.
노우, 아이 해븐(트),　　벗 아이드　럽　투 고우

 It's a city of art and history.
잇츠 어 씨티 어브 아알트 앤　히스토뤼

 Wow, that sounds great. What can I see there?
와우,　댓　싸운즈　그뤠잇.　왓　캔 아이 씨- 데얼

 You should see the Eiffel Tower and the Louvre.
유　슈드 씨- 디 아이펄　타우얼　앤 더　루-브

 I will *remember that. Thank you!
아이 윌　뤼멤벌　댓.　쌩큐

🧑 어느 도시를 가장 좋아하세요?

👩 저는 뉴욕을 좋아해요. 당신은요?

🧑 저는 파리를 좋아해요. 파리에 가 본 적 있어요?

👩 아니요, 가보지는 못했지만 가고 싶어요.

🧑 파리는 예술과 역사의 도시예요.

👩 와, 멋져 보여요. 거기서 뭐 볼 수 있나요?

🧑 에펠탑과 루브르 박물관을 꼭 봐야 해요.

👩 기억할게요. 고마워요!

* · **have been to**
[해브 빈 투] ~에 가보다
· **remember**
[뤼멤벌] 기억하다

128

● 다음 문장을 듣고 따라 말해보세요.

관광 명소에 갈 때

관광할 때 사용하는 표현을 꼭 알아두세요.

Where can I get a map?   지도는 어디서 구할 수 있나요?
웨얼   캔 아이 **겟** 어 **맵**

What time does it open?   몇 시에 열어요?
왓   **타**임   더즈   잇   **오우펀**

Is the audio guide free?   오디오 가이드는 무료인가요?
이즈 디   **어**-디오우   **가이드**   프뤼-

> Tip 관광지를 방문할 때 '오디오 가이드(audio guide)'를 사용해 보세요. 휴대용 장치를 통해 관광지의 역사와 정보를 들으며, 더 풍부하고 깊이 있는 경험을 할 수 있습니다.

Can I buy tickets here?   여기서 표를 살 수 있나요?
캔 아이 **바**이   **티**킷츠   **히**얼

Where is the souvenir shop? 기념품 가게는 어디에 있어요?
웨얼 이즈 더   수-**버니**얼   **샵**

Can I take pictures here?   여기서 사진 찍어도 되나요?
캔 아이 **테이**크   **픽**췰즈   **히**얼

129

실력 다지기

● 주어진 단어의 의미로 적절한 것을 찾아 연결하세요.

read   •

try   •

ghost •

                                     • 시도하다

                                     • 읽다

                                     • 귀신

● 음원을 듣고, 빈칸에 알맞은 문장을 보기에서 골라 번호를 쓰세요.

> 보기
> ① Where is the restroom?   ② Have you been to Paris?
> ③ Do you have a charger?

What's your favorite city?

I love New York. What about you?

I love Paris. _____

No, I haven't, but I'd love to go.

It's a city of art and history.

Wow, that sounds great. What can I see there?

You should see the Eiffel Tower and the Louvre.

I will remember that. Thank you!

● 다음 빈칸에 알맞은 단어를 보기에서 골라 번호를 쓰세요.

> 보기
> ① free   ② souvenir shop   ③ get a map

· Where can I _____?   지도는 어디서 구할 수 있나요?

· Is the audio guide _____?   오디오 가이드는 무료인가요?

· Where is the _____?   기념품 가게는 어디에 있어요?

써보기 ✏️

● 문장을 2번씩 직접 써보고, 소리 내어 말해보세요.

1 파리에 가본 적 있어요? 해뷰 빈 투 패뤼쓰

2 이 책 읽어본 적 있어요? 해뷰 뤠드 디쓰 븍

3 그를 전에 만난 적이 있어요? 해뷰 멧 힘 비포얼

4 김치 먹어본 적이 있나요? 해뷰 츄롸이드 킴취

Unit

16

원어민 음원 듣기

I've been to Japan.

일본에 가본 적이 있어요.

💬 과거에 어떤 장소를 방문했던
경험을 이야기할 때 사용합니다.

💬 개인적인 경험을 토대로 추천이나
조언을 할 수 있습니다.

일본에 가본 적이 있어요.

정말요? 저도
가보고 싶어요!

● 오늘 학습할 패턴을 익혀보세요.

○○○에 가본 적이 있어요.
I've been to ○○○.
압 빈 투 ○○○

I've been to ~ [압 빈 투]는 어떤 장소를 방문한 경험이 있다고 말할 때 사용할 수 있습니다. 단순한 사실을 전달할 뿐만 아니라 개인적인 경험과 추억을 공유할 때도 유용합니다.

I've been to New York.
압　빈　투　누우　요얼크

뉴욕에 가본 적이 있어요.

I've been to Jeju Island.
압　빈　투　제주　아일런드

제주도에 가본 적이 있어요.

I've been to Canada once.
압　빈　투　캐너더　원쓰

캐나다에 한 번 가본 적이 있어요.

✓ 단어 체크

New York [누우 요얼크] 뉴욕　**Jeju Island** [제주 아일런드] 제주도
once [원쓰] 한 번

● 빈칸에 단어를 넣어 배운 패턴을 연습해 보세요.

I've been to [　　　].

[　　　]에 가본 적이 있어요.

Japan
쥐팬

일본

twice
트와이쓰

두 번

many times
메니　　타임즈

여러 번

department store
디파알트먼트　　스토얼

백화점

● 대화 속에서 패턴을 연습해 보세요.

1 **I've been to** Japan.
압　빈　투　쥐팬

일본에 가본 적이 있어요.

Really? I want to go there, too!
뤼-얼리?　아이　원투　고우　데얼,　투-

정말요? 저도 가보고 싶어요!

2 **I've been to** Seoul many times.
압　빈　투　쏘울　메니　타임즈

저는 서울에 여러 번 가봤어요.

 What do you like about Seoul?
왓　두　유　라익　어바웃　쏘울

서울의 어떤 점이 마음에 드세요?

135

● 다음 대화를 듣고 따라 말해보세요.

What's your favorite city?
왓스 유얼 페이버릿 씨티

I like London. How about you?
아이 라익 런던. 하우 어바웃 유

I've been to New York. It's my favorite.
압 빈 투 누우 요얼크. 잇츠 마이 페이버릿

Really? What did you like about it?
뤼-얼리? 왓 디쥬 라익 어바웃 잇

The food is great, and the people are *friendly.
더 푸-드 이즈 그뤠잇, 앤(드) 더 피플 얼 프뤤들리

Did you *go shopping?
디쥬 고우 샤-핑

Yes, I went to a lot of shops. It was fun.
예쓰, 아이 웬 투 어 랏 어브 샤압스. 잇 워즈 펀

It sounds like a great trip!
잇 사운즈 라익 어 그뤠잇 츄륍

어느 도시를 가장 좋아하세요?
저는 런던을 좋아해요. 당신은요?
저는 뉴욕에 가봤어요. 제가 가장 좋아하는 도시예요.
정말요? 뭐가 좋았나요?
음식도 맛있고 사람들도 친절해요.
쇼핑도 했나요?
네, 많은 가게에 갔어요. 재미있었어요.
정말 멋진 여행이었겠네요!

* · friendly [프뤤들리] 친근한
· go shopping
[고우 샤-핑] 쇼핑하다

136

● 다음 문장을 듣고 따라 말해보세요.

취향을 말할 때

취향과 선호도 관련 표현을 꼭 알아두세요.

My favorite color is blue.
마이 페이버릿 컬럴 이즈 블루-

제가 가장 좋아하는 색은 파란색이에요.

I love watching movies.
아이 러브 와칭 무-비즈

저는 영화 보는 것을 좋아해요.

I'm a big fan of spicy food.
아임 어 빅 팬 어브 스파이씨 푸-드

저는 매운 음식을 좋아해요.

I enjoy reading in my free time.
아이 인조이 뤼-딩 인 마이 프뤼- 타임

여가 시간에는 책 읽기를 즐겨요.

I'm really into cooking.
아임 뤼-얼리 인투 크킹

저는 요리에 푹 빠져 있습니다.

I like to travel to new places.
아이 라익 투 츄뤠벌 투 누우 플레이씨즈

저는 새로운 곳을 여행하는 걸 좋아해요.

Tip 외국인과의 첫 대화엔 '취향과 선호도' 주제를 추천합니다. 내가 좋아하는 것들을 영어로 말해보세요. 위의 표현으로 자신만의 표현을 만들 수 있다면 자신감을 얻을 수 있을 겁니다.

실력 다지기

● 주어진 단어의 의미로 적절한 것을 찾아 연결하세요.

once   •   • 두 번

twice   •   • 백화점

department store •   • 한 번

● 음원을 듣고, 빈칸에 알맞은 문장을 보기 에서 골라 번호를 쓰세요.

> 보기
> ① I've been to New York.   ② I want you to tell me.
> ③ I'm looking for a gas station.

What's your favorite city?

I like London. How about you?

_____ It's my favorite.

Really? What did you like about it?

The food is great, and the people are friendly.

Did you go shopping?

Yes, I went to a lot of shops. It was fun.

It sounds like a great trip!

● 다음 빈칸에 알맞은 단어를 보기 에서 골라 번호를 쓰세요.

> 보기
> ① spicy food   ② watching movies   ③ cooking

· I love _____. 저는 영화 보는 것을 좋아해요.

· I'm a big fan of _____. 저는 매운 음식을 좋아해요.

· I'm really into _____. 저는 요리에 푹 빠져 있습니다.

써보기 ✏️

● 문장을 2번씩 직접 써보고, 소리 내어 말해보세요.

1 뉴욕에 가본 적이 있어요. 압 빈 투 누우 요얼크

2 제주도에 가본 적이 있어요. 압 빈 투 제주 아일런드

3 캐나다에 한 번 가본 적이 있어요. 압 빈 투 캐너더 원쓰

4 일본에 가본 적이 있어요. 압 빈 투 줘팬

원어민 음원 듣기

You should quit work.

일을 그만두는 게 좋겠어요.

💬 상대방에게 조언하거나
추천할 수 있습니다.

💬 특정한 행동을 하거나 결정을
내리는 데 도움을 줄 수 있습니다.

일을 그만두는 게 좋겠어요.

왜 그렇게 생각하세요?

● 오늘 학습할 패턴을 익혀보세요.

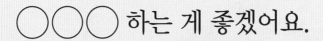

○○○ 하는 게 좋겠어요.

You should ○○○.

유 슌 ○○○

You should ~ [유 슌]은 상대방에게 조언이나 추천을 할 때 사용할 수 있습니다. 어떤 행동을 하면 좋을 것이라는 부드러운 제안을 할 때 유용한 패턴입니다.

You should see a doctor. 의사에게 가 보는 게 좋겠어요.
유　　슌　　씨　어　　닥털

You should get a haircut.　머리를 자르는 게 좋겠어요.
유　　슌　　겟　어　　헤얼컷

You should be more patient.　좀 더 인내심을
유　　슌　비　모얼　　페이션트　가지는 게 좋겠어요.

✓ 단어 체크

see a doctor [씨 어 닥털] 의사에게 진찰을 받다

get a haircut [겟 어 헤얼컷] 머리를 자르다　**patient** [페이션트] 인내심 있는

● 빈칸에 단어를 넣어 배운 패턴을 연습해 보세요.

You should ⬚⬚⬚⬚⬚.

⬚⬚⬚⬚⬚ 하는 게 좋겠어요.

quit work

쿠윗   워얼크

일을 그만두다

keep a diary

킾   어   다이어뤼

일기를 쓰다

listen to

리쓴   투

귀를 기울이다

go to bed

고우   투   베드

잠자리에 들다

● 대화 속에서 패턴을 연습해 보세요.

1 **You should** quit work.

　　유　　슌　　쿠윗　워얼크

일을 그만두는 게 좋겠어요.

Why do you think so?

와이　두　유　씽크　쏘우

왜 그렇게 생각하세요?

2 **You should** keep a diary.

　　유　　슌　　킾　어 다이어뤼

일기를 쓰는 게 좋겠어요.

I don't know what to write.

아이 도운(트) 노우　　왓　투　롸이트

무엇을 써야 할지 모르겠어요.

143

● 다음 대화를 듣고 따라 말해보세요.

 Hey, are you okay? You look really tired.
헤이, 얼 유 오우케이? 유 룩 륀-얼리 타이얼드

 Yes, I'm very tired and a little *dizzy.
예쓰, 아임 베뤼 타이얼드 앤 어 리틀 디지

 That's bad. You should see a doctor.
댓츠 배드. 유 슏 씨 어 닥털

 Maybe I should.
메이비 아이 슏

 Do you need a ride to the doctor?
두 유 니드 어 롸이드 투 더 닥털

 Yes, please. Can you drive me there?
예쓰, 플리-즈. 캔 유 쥬롸이브 미 데얼

 Sure, I can drive you. Let's go.
슈얼, 아이 캔 쥬롸이브 유. 렛츠 고우

 Thank you, I *appreciate it.
쌩큐, 아이 어프뤼-쉬에잇 잇

괜찮아요? 정말 피곤해 보이는데요.
네, 너무 피곤하고 좀 어지러워요.
그거 안 좋네요. 의사에게 가 보는 게 좋겠어요.
그래야겠어요.
병원에 데려다줄까요?
네, 부탁해요. 데려다 줄 수 있어요?
물론이죠, 운전해서 데려다줄게요. 가요.
고마워요.

· dizzy [디지] 어지러운
· appreciate
[어프뤼-쉬에잇] 고마워하다

● 다음 문장을 듣고 따라 말해보세요.

도움을 요청할 때

도움과 관련된 표현을 꼭 알아두세요.

Can you check this for me?
캔 유 **췌크** 디쓰 펄 **미**

이거 좀 확인해 주실래요?

Could you give me a hand?
쿠쥬 **깁** 미 어 **핸드**

좀 도와 주시겠어요?

> **Tip** 'Could you'는 'Can you'보다 더 공손하고 격식을 갖춘 부탁입니다. 공식적
> 이거나 정중하게 부탁할 때 적합합니다. 친근한 상황이나 간단한 부탁엔
> 'Can you'를 사용하는 게 더 좋습니다.

Can I borrow your pen?
캔 아이 **바**-로우 유얼 **펜**

펜 좀 빌려 주시겠어요?

Can you watch my bag for a moment?
캔 유 **와**-취 마이 **백** 펄 어 **모우먼트**

잠깐 가방 좀
봐주실래요?

Could you take a picture of me?
쿠쥬 **테**이크 어 **픽**춸 어브 **미**

저 찍어주실래요?

I need some advice.
아이 **니**드 썸 **어드**바이쓰

조언이 좀 필요해요.

실력 다지기

● 주어진 단어의 의미로 적절한 것을 찾아 연결하세요.

get a haircut ·   · 머리를 자르다

quit work ·   · 일을 그만두다

go to bed ·   · 잠자리에 들다

● 음원을 듣고, 빈칸에 알맞은 문장을 보기 에서 골라 번호를 쓰세요.

> 보기
> ① You're smart.   ② You don't have to thank me.
> ③ You should see a doctor.

Hey, are you okay? You look really tired.

Yes, I'm very tired and a little dizzy.

That's bad. _____

Maybe I should.

Do you need a ride to the doctor?

Yes, please. Can you drive me there?

Sure, I can drive you. Let's go.

Thank you, I appreciate it.

● 다음 빈칸에 알맞은 단어를 보기 에서 골라 번호를 쓰세요.

> 보기
> ① pen   ② give me a hand   ③ advice

· Could you _____? 좀 도와 주시겠어요?

· Can I borrow your _____? 펜 좀 빌려 주시겠어요?

· I need some _____. 조언이 좀 필요해요.

146

써보기 ✏️

● 문장을 2번씩 직접 써보고, 소리 내어 말해보세요.

1 의사에게 가 보는 게 좋겠어요. 유 슏 씨 어 닥털

2 머리를 자르는 게 좋겠어요. 유 슏 겟 어 헤얼컷

3 좀 더 인내심을 가지는 게 좋겠어요. 유 슏 비 모얼 페이션트

4 일을 그만두는 게 좋겠어요. 유 슏 쿠윗 워얼크

You have to make a choice.

선택해야 해요.

💬 어떤 행동이나 조치가 반드시
필요하다고 강조할 수 있습니다.

💬 특정한 활동이나 경험을 강력하게
추천할 수 있습니다.

선택해야 해요.

아직 생각 중이에요.

● 오늘 학습할 패턴을 익혀보세요.

○○○ 해야 해요.

You have to ○○○.

유 햅투 ○○○

You have to ~ [유 햅투]는 어떤 일을 반드시 해야 한다는 강한 의무를 나타낼 때 사용하는 표현입니다. 이것은 필수적이거나 꼭 해야 하는 일을 강조하고 전달할 때 사용됩니다.

You have to get up early.
유 햅투 겟 업 어얼리

일찍 일어나야 해요.

You have to wear a helmet.
유 햅투 웨얼 어 헬밋

헬멧을 써야 해요.

You have to save some money.
유 햅투 쎄이브 썸 머니

돈을 좀 모아야 해요.

✓ 단어 체크

get up [겟 업] 일어나다　**wear a helmet** [웨얼 어 헬밋] 헬멧을 쓰다
save money [쎄이브 머니] 돈을 모으다

● 빈칸에 단어를 넣어 배운 패턴을 연습해 보세요.

You have to [   ].

[   ] 해야 해요.

make a choice
메이크   어   초이쓰

선택하다

quit drinking
쿠윗   쥬륑킹

술을 끊다

keep a secret
킾   어   씨-크뤳

비밀을 지키다

wash hands
와-쉬   핸즈

손을 씻다

● 대화 속에서 패턴을 연습해 보세요.

1 **You have to** make a choice.
유   햅투   메이크 어 초이쓰

선택해야 해요.

I'm still thinking about it.
아임 스틸   씽킹   어바웃 잇

아직 생각 중이에요.

2 **You have to** quit drinking.
유   햅투   쿠윗   쥬륑킹

술을 끊어야 해요.

I'm trying, but it's not easy.
아임 츄롸잉,   벗 잇츠 낫 이-지

노력하고 있지만, 쉽지 않네요.

● 다음 대화를 듣고 따라 말해보세요.

 Are you ready for your *job interview?
얼 유 뤠디 펄 유얼 좝 인털뷰

 I think so. I'm a little *nervous.
아이 씽크 쏘우. 아임 어 리틀 너얼버쓰

 You have to get up early tomorrow.
유 햅투 겟 업 어얼리 터마-로우

 Yes, I know. I will go to bed early.
예쓰, 아이 노우. 아이 윌 고우 투 베드 어얼리

 What time is your interview?
왓 타임 이즈 유얼 인털뷰-

 It's at 9 a.m.
잇츠 앳 나인 에이-엠-

 Don't worry too much. You will do great!
도운(트) 워어뤼 투- 머춰. 유 윌 두 그뤠이트

 Thanks for the encouragement. I'll do my best!
쌩쓰 펄 디 인커뤼쮀먼트. 아윌 두 마이 베스트

면접 준비는 되셨나요?
그런 것 같아요. 조금 긴장되네요.
내일 일찍 일어나야 해요.
네, 알아요. 일찍 자러 갈 거예요.
면접은 몇 시에 있나요?
오전 9시에 있어요.
너무 걱정하지 마세요. 잘할 거예요!
응원해 줘서 고마워요. 최선을 다하겠어요!

· job interview
[좝 인털뷰] 면접
· nervous [너얼버쓰] 긴장된

● 다음 문장을 듣고 따라 말해보세요.

일과 관련된 얘기를 할 때

직업과 관련된 표현을 꼭 알아두세요.

What do you do?
왓   두   유   두

무슨 일을 하세요?

> **Tip** 'What do you do?'는 직업이나 일상 업무에 대해 넓게 묻는 말이고,
> 'What is your job?'은 상대방의 구체적인 직업명이나 역할에 집중하는
> 질문입니다.

She is looking for a job.
쉬 이즈 르킹   펄 어 **좝**

그녀는 일자리를 찾고 있어요.

I've got a part-time job.
아이브 갓 어 파알트 타임 **좝**

저는 아르바이트를 하고 있어요.

I'm a freelance writer.
아임 어   프뤼-랜쓰   **롸**이털

저는 프리랜서 작가예요.

I work from home.
아이 **워**얼크 프뤔   호움

저는 재택근무를 해요.

I have my own business.
아이 **해**브 마이 **오**운   **비**즈너쓰

저는 사업을 하고 있어요.

실력 다지기

● 주어진 단어의 의미로 적절한 것을 찾아 연결하세요.

save money · · 비밀을 지키다

quit drinking · · 술을 끊다

keep a secret · · 돈을 모으다

● 음원을 듣고, 빈칸에 알맞은 문장을 보기에서 골라 번호를 쓰세요.

> 보기
> ① You have to get up early tomorrow.
> ② You don't have to knock.　③ I've been to Europe.

　Are you ready for your job interview?

　I think so. I'm a little nervous.

　_____

　Yes, I know. I will go to bed early.

　What time is your interview?

　It's at 9 a.m.

　Don't worry too much. You will do great!

　Thanks for the encouragement. I'll do my best!

● 다음 빈칸에 알맞은 단어를 보기에서 골라 번호를 쓰세요.

> 보기　① part-time job　② own business　③ freelance writer

· I've got a _____. 저는 아르바이트를 하고 있어요.

· I'm a _____. 저는 프리랜서 작가예요.

· I have my _____. 저는 사업을 하고 있어요.

154

써보기 ✏️

● 문장을 2번씩 직접 써보고, 소리 내어 말해보세요.

1 일찍 일어나야 해요. 유 햅투 겟 업 어얼리

2 헬멧을 써야 해요. 유 햅투 웨얼 어 헬밋

3 돈을 좀 모아야 해요. 유 햅투 쎄이브 썸 머니

4 선택해야 해요. 유 햅투 메이크 어 초이쓰

Unit

19

원어민 음원 듣기

You should've set an alarm.

알람을 맞췄어야 했어요.

- 💬 과거의 행동에 대한 조언을 줄 수 있습니다.

- 💬 과거의 결정에 대한 후회나 불만을 나타낼 수 있습니다.

알람을 맞췄어야 했어요.

맞아요, 그건 실수였어요.

● 오늘 학습할 패턴을 익혀보세요.

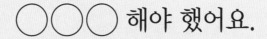

○○○ 해야 했어요.

You should've ○○○.

유 슈릅 ○○○

You should've [유 슈릅]은 과거에 무엇인가를 해야 했다고 지적할 때 사용할 수 있습니다. 더 나은 선택이나 행동해야 했다는 조언이나 후회할 때 유용한 패턴입니다.

You should've checked the weather.

유　　슈릅　　　　췍(트)　　더　　　웨덜
날씨를 확인했어야 했어요.

You should've worn a coat. 코트를 입었어야 했어요.

유　　슈릅　　워언　　어　코우트

You should've listened to the advice.

유　　슈릅　　리썬(드)　　투　디　　어드바이쓰
그 조언을 들었어야 했어요.

✓ 단어 체크

check the weather [췌크 더 웨덜] 날씨를 확인하다　**wear a coat** [웨얼 어 코우트] 코트를 입다
listen to advice [리쓴 투 어드바이쓰] 조언을 듣다

● 빈칸에 단어를 넣어 배운 패턴을 연습해 보세요.

You should've [ ].

[ ] 해야 했어요.

set an alarm
셋   언   얼라암

알람을 맞추다

tell
텔

말하다

take a bus
테이크   어   버쓰

버스를 타다

careful
케얼펄

조심하는

● 대화 속에서 패턴을 연습해 보세요.

1 **You should've** set an alarm.
유   슈릅   셋 언 얼라암   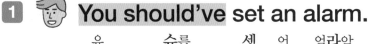 알람을 맞췄어야 했어요.

You're right, that was a mistake.
유얼   롸이트, 댓 워즈 어 미스테이크   맞아요, 그건 실수였어요.

2 **You should've** told me.
유   슈릅   토울드 미   저에게 말했어야 했어요.

I didn't want to bother you.
아이 디든(트)   원투   바-덜   유   당신을 귀찮게 하고 싶지 않았어요.

소통하기

● 다음 대화를 듣고 따라 말해보세요.

Are you ready for the picnic?
얼 유 **뤠**디 펄 더 **피**크닉

Yes, I have sandwiches and some juice.
예쓰, 아이 **해**브 **샌**위취즈 앤 썸 **쥬**-쓰

Oh no, it's raining!
오우 노우, 잇츠 **뤠**이닝

You should've *checked the weather.
유 **슈**릅 **췍**(트) 더 **웨**덜

I thought it would be sunny.
아이 **써**엇 잇 을 비 **써**니

How about having the picnic *inside?
하우 어바웃 **해**빙 더 **피**크닉 **인싸**이드

That's a good idea. Let's do that!
댓츠 어 근 아이**디**-어. 렛츠 두 댓

Next time, we should check the weather first.
넥스트 **타**임, 위 **슏** **췌**크 더 **웨**덜 퍼얼스트

🧑 소풍 준비 다 됐어요?

👩 네, 샌드위치랑 주스 좀 가져왔어요.

🧑 이런, 비가 오고 있어요!

👩 날씨를 미리 확인했어야 했어요.

🧑 저는 맑을 줄 알았어요.

👩 소풍을 실내에서 하는 건 어때요?

🧑 좋은 생각이네요. 그렇게 해요!

👩 다음에는 날씨를 먼저 확인해야겠어요.

ⓧ
· check [췌크] 확인하다
· inside [인싸이드] 안에서

160

● 다음 문장을 듣고 따라 말해보세요.

후회를 나타낼 때

후회 관련된 표현을 꼭 알아두세요.

I shouldn't have told him.
아이 슈든   해브 토울드 힘

그에게 말해주지 말걸 그랬어요.

I can't believe I said that.
아이 캐앤(트) 빌리-브 아이 쎄드   댓

제가 그런 말을 하다니
믿을 수가 없네요.

> **Tip** 'I can't believe ~'는 '~을 믿을 수 없다'라는 뜻으로, 예상치 못한 말이나 행동에 대한 놀라움과 후회를 나타냅니다. 이 표현은 자기 행동에 대해 되돌리고 싶은 마음을 전달합니다.

I'm sorry for everything.
아임 쏘어뤼 펄   에브뤼씽

여러가지로 죄송합니다.

I was stupid.
아이 워즈 스투-피드

제가 어리석었어요.

I don't know why I did that.
아이 도운 노우   와이 아이 딛 댓

제가 왜 그랬는지 모르겠어요.

I regret what I said.
아이 뤼그뤳   왓 아이 쎄드

제가 한 말을 후회해요.

실력 다지기

● 주어진 단어의 의미로 적절한 것을 찾아 연결하세요.

listen to advice •   • 버스를 타다

set an alarm •   • 조언을 듣다

take a bus •   • 알람을 맞추다

● 음원을 듣고, 빈칸에 알맞은 문장을 보기에서 골라 번호를 쓰세요.

> 보기
> ① Don't touch that.
> ② You should've checked the weather.   ③ Let's eat out.

Are you ready for the picnic?

Yes, I have sandwiches and some juice.

Oh no, it's raining!

_____

I thought it would be sunny.

How about having the picnic inside?

That's a good idea. Let's do that!

Next time, we should check the weather first.

● 다음 빈칸에 알맞은 단어를 보기에서 골라 번호를 쓰세요.

> 보기
> ① stupid   ② everything   ③ what I said

· I'm sorry for _____.   여러가지로 죄송합니다.

· I was _____.   제가 어리석었어요.

· I regret _____.   제가 한 말을 후회해요.

162

써보기 ✏️

● 문장을 2번씩 직접 써보고, 소리 내어 말해보세요.

1 날씨를 확인했어야 했어요.   유 슈릅 첵(트) 더 웨덜

2 코트를 입었어야 했어요.   유 슈릅 워언 어 코우트

3 그 조언을 들었어야 했어요.   유 슈릅 리썬(드) 투 디 어드바이쓰

4 알람을 맞췄어야 했어요.   유 슈릅 셋 언 얼라암

163

Unit

20

원어민 음원 듣기

You don't have to be perfect.

완벽하지 않아도 돼요.

💬 무언가를 하지 않아도 된다고
말할 수 있습니다.

💬 상대방이 가지고 있는 부담감을
줄여줄 수 있습니다.

완벽하지 않아도 돼요.

그렇게 말해줘서
고마워요.

● 오늘 학습할 패턴을 익혀보세요.

○○○ 하지 않아도 돼요.

You don't have to ○○○.

유 돈 햅투 ○○○

You don't have to ~ [유 돈 햅투]는 특정한 행동을 할 필요가 없다고 말할 때 사용할 수 있습니다. 상대방에게 부담을 주지 않고 그들의 선택과 편안함을 존중할 수 있는 표현입니다.

You don't have to worry.
유　　　돈　　　햅투　　　워어리

걱정하지 않아도 돼요.

You don't have to thank me.
유　　　돈　　　햅투　　　쌩크　　　미

저에게 감사하지 않아도 돼요.

You don't have to bring anything.
유　　　돈　　　햅투　　　브링　　　에니씽

아무것도 안 가져와도 돼요.

✓ 단어 체크

worry [워어뤼] 걱정하다　　**thank** [쌩크] 감사하다
bring [브링] 가져오다

166

● 빈칸에 단어를 넣어 배운 패턴을 연습해 보세요.

You don't have to [   ].

[   ] 하지 않아도 돼요.

perfect

퍼얼픽트

완벽한

make a reservation

메이크 어 뤠저베이션

예약하다

knock

나-크

노크하다

study

스터디

공부하다

● 대화 속에서 패턴을 연습해 보세요.

1 **You don't have to be perfect.**

유 돈 햅투 비 퍼얼픽트   완벽하지 않아도 돼요.

 Thank you for saying that.

쌩큐 펄 쎄잉 댓   그렇게 말해줘서 고마워요.

2 **You don't have to make a reservation.** 예약하지 않아도 돼요.

유 돈 햅투 메이크 어 뤠저베이션

 Great, I was worried about that. 좋네요, 저도 그게 걱정이었거든요.

그뤠이트, 아이 워즈 워어뤼드 어바웃 댓

167

● 다음 대화를 듣고 따라 말해보세요.

 It's raining, and I forgot my umbrella.
잇츠 뤠이닝   앤 아이 퍼얼갓   마이   엄브뤨러

 You don't have to worry. You can use mine.
유   도운   햅투   워어리.   유 캔 유즈   마인

 Are you sure? What about you?
얼 유 슈얼?   왓   어바웃 유

 I have a *raincoat. I'm fine.
아이 해브 어   뤠인코우트.   아임 파인

 Thank you. You're so kind.
쌩큐.   유얼   쏘우 카인드

 ***It's no big deal. What are friends for?**
잇츠 노우 빅 디일.   왓 얼   프뤤즈 펄

 I will bring it back tomorrow.
아이 윌 브륑 잇 백   터마-로우

 There's no rush. Take your time.
데얼즈   노우 러쉬. 테이크 유얼 타임

🙂 비 오는데 우산을 깜빡했어요.

🙂 걱정하지 않아도 돼요. 제 거 쓰셔도 돼요.

🙂 정말인가요? 당신은 괜찮아요?

🙂 저는 비옷 있어요. 저는 괜찮아요.

🙂 고마워요. 정말 친절하시네요.

🙂 별거 아니에요. 친구 좋은 게 뭐예요?

🙂 내일 우산 돌려줄게요.

🙂 급할 필요 없어요. 천천히 해요.

*
· raincoat [뤠인코우트] 우비
· It's no big deal.
  [잇츠 노우 빅 디일] 별거 아니에요.

회화 표현 확장하기

● 다음 문장을 듣고 따라 말해보세요.

비가 올 때

비와 관련된 표현을 꼭 알아두세요.

What's it like outside?
왓츠   잇 라익   아웃싸이드

바깥 날씨가 어때요?

I love rainy days.
아이 러브 뤠이니   데이즈

저는 비 오는 날이 정말 좋아요.

Is it raining outside?
이즈 잇   뤠이닝   아웃싸이드

밖에 비 오나요?

It's drizzling.
잇츠   드뤼절링

가랑비가 내리고 있어요.

It looks like rain.
잇 룩스   라익   뤠인

비가 올 것 같아요.

> Tip 허리가 쑤시면 '비가 올 것 같다'라고 생각한 적 있죠? 현재 상황이나 징후로
> 미래를 예측할 때는 'It looks like ~' 패턴을 사용할 수 있습니다.

It's pouring.
잇츠   포얼링

비가 쏟아붓고 있어요.

169

실력 다지기

● 주어진 단어의 의미로 적절한 것을 찾아 연결하세요.

bring　•　　　　　　　　　　•　노크하다

perfect　•　　　　　　　　　•　완벽한

knock　•　　　　　　　　　　•　가져오다

● 음원을 듣고, 빈칸에 알맞은 문장을 보기 에서 골라 번호를 쓰세요.

보기
　　　① You don't have to worry.　② Can I try this on?
　　　　　　③ Let's go to the park.

It's raining, and I forgot my umbrella.

_____ You can use mine.

Are you sure? What about you?

I have a raincoat. I'm fine.

Thank you. You're so kind.

It's no big deal. What are friends for?

I will bring it back tomorrow.

There's no rush. Take your time.

● 다음 빈칸에 알맞은 단어를 보기 에서 골라 번호를 쓰세요.

보기
　　　① rainy days　　② pouring　　③ drizzling

· I love _____.　저는 비 오는 날이 정말 좋아요.

· It's _____.　가랑비가 내리고 있어요.

· It's _____.　비가 쏟아붓고 있어요.

써보기 ✏️

● 문장을 2번씩 직접 써보고, 소리 내어 말해보세요.

1 걱정하지 않아도 돼요.　유 돈 햅투 워어리

2 저에게 감사하지 않아도 돼요.　유 돈 햅투 쌩크 미

3 아무것도 안 가져와도 돼요.　유 돈 햅투 브링 에니씽

4 완벽하지 않아도 돼요.　유 돈 햅투 비 퍼얼픽트

Unit

21

원어민 음원 듣기

Don't be late.

늦지 마세요.

💬 무언가 하지 말라고 지시하거나
명령할 수 있습니다.

💬 부정적인 결과가 나오는 행동을
피하도록 조언할 수 있습니다.

늦지 마세요.

걱정하지 마세요.
제시간에 갈게요.

● 오늘 학습할 패턴을 익혀보세요.

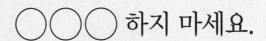

○○○ 하지 마세요.

Don't ○○○.

도운(트) ○○○

Don't ~ [도운(트)]는 어떤 행동을 하지 말라고 지시할 때 사용할 수 있습니다. 상황에 따라 다르게 해석될 수 있으므로, 이 표현을 사용할 때는 상황과 상대방의 감정을 고려하는 것이 중요합니다.

Don't be afraid.
도운(트)   비   어프뤠이드

두려워하지 마세요.

Don't touch that.
도운(트)   터취   댓

그거 만지지 마세요.

Don't get me wrong.
도운(트)   겟   미   뤄엉

오해하지 마세요.

✓ 단어 체크

afraid [어프뤠이드] 두려워하는   **touch** [터취] 만지다
get [겟] 이해하다

● 빈칸에 단어를 넣어 배운 패턴을 연습해 보세요.

Don't [　　　　　].
[　　　　　] 하지 마세요.

late
레이트

늦은

lock the door
락　　　더　　　도얼

문을 잠그다

give up
기브　　업

포기하다

worry about
워어뤼　　　어바웃

~에 대해 걱정하다

● 대화 속에서 패턴을 연습해 보세요.

1 **Don't be late.**
　　도운(트)　비　레이트

늦지 마세요.

 Don't worry, I will be on time.
　　도운(트)　워어뤼, 아이 윌 비 언 타임

걱정하지 마세요, 제시간에 갈게요.

2 **Don't forget to lock the door.**
　　도운(트)　펄겟　투 락 더 도얼

문 잠그는 거 잊지 마세요.

 Of course, I will do it right now.
어브 코얼쓰, 아이 윌 두 잇 롸잇 나우

물론이죠, 지금 바로 할게요.

● 다음 대화를 듣고 따라 말해보세요.

 I have to *give a speech tomorrow.
아이 햅투   기브 어 스피-취   터마-로우

 Are you nervous?
얼   유   너얼버쓰

 Yes, I'm really afraid.
예쓰, 아임 뤼-얼리 어프뤠이드

 Don't be afraid, you will do great.
도운(트) 비 어프뤠이드, 유   월 두 그뤠이트

 Do you really think so?
두   유   뤼-얼리 씽크 쏘우

 Yes, you've *prepared well.
예쓰,   유브   프뤼페얼드   웰

 I will try my best.
아이 월 츄롸이 마이 베스트

 Just be confident, you can do it!
줘스트 비   카안피던트,   유 캔 두 잇

 내일 연설을 해야 해요.
 긴장되나요?
 네, 정말 무서워요.
 두려워하지 마세요, 잘할 거예요.
 정말 그렇게 생각하세요?
 네, 당신은 준비를 잘했잖아요.
 최선을 다해볼게요.
 자신감을 가져요, 할 수 있어요!

· give a speech
[기브 어 스피-취] 연설하다, 발표하다
· prepare [프뤼페얼] 준비하다

● 다음 문장을 듣고 따라 말해보세요.

해야 한다고 말할 때

의무감을 나타내는 표현을 꼭 알아두세요.

You have to brush your teeth.
유   햅투   브러쉬   유얼   티-쓰

이를 닦아야 해요.

You have to do your homework.
유   햅투   두   유얼   호움워얼크

숙제해야 해요.

You have to read this book.
유   햅투   뤼-드   디쓰   븍

이 책을 읽어야 해요.

You should eat healthy.
유   슏   잇   헬씨

건강하게 먹는 게 좋겠어요.

Tip 'have to'는 어떤 일을 반드시 해야 하는 상황을 말합니다. 피할 수 없는 의무감을 나타내죠. 반면에 'should'는 좀 더 부드럽게 조언을 주는 말입니다. '이렇게 하는 게 좋을 거야.'라는 제안의 느낌을 줍니다.

You should drink more water.
유   슏   드륑크   모얼   워-털

물을 더 마시는 게 좋겠어요.

You should wear a coat.
유   슏   웨얼   어   코우트

코트를 입는 게 좋겠어요.

실력 다지기

● 주어진 단어의 의미로 적절한 것을 찾아 연결하세요.

touch   •   • 포기하다

get   •   • 이해하다

give up •   • 만지다

● 음원을 듣고, 빈칸에 알맞은 문장을 보기 에서 골라 번호를 쓰세요.

> 보기
> ① You should see a doctor.
> ② Do you have any discounts? ③ Don't be afraid,

🧑 I have to give a speech tomorrow.

👩 Are you nervous?

🧑 Yes, I'm really afraid.

👩 ＿＿＿＿＿＿＿＿＿ you will do great.

🧑 Do you really think so?

👩 Yes, you've prepared well.

🧑 I will try my best.

👩 Just be confident, you can do it!

● 다음 빈칸에 알맞은 단어를 보기 에서 골라 번호를 쓰세요.

> 보기
> ① brush your teeth   ② wear a coat   ③ eat healthy

· You have to ＿＿＿＿＿＿＿.   이를 닦아야 해요.

· You should ＿＿＿＿＿＿＿.   건강하게 먹는 게 좋겠어요.

· You should ＿＿＿＿＿＿＿.   코트를 입는 게 좋겠어요.

써보기 ✏️

● 문장을 2번씩 직접 써보고, 소리 내어 말해보세요.

1 두려워하지 마세요. 도운(트) 비 어프뤠이드

2 그거 만지지 마세요. 도운(트) 터취 댓

3 오해하지 마세요. 도운(트) 겟 미 뤄엉

4 늦지 마세요. 도운(트) 비 레이트

Do you want to try my steak?

제 스테이크 드셔 보시겠어요?

💬 상대방이 무언가를 하고
싶은지 물어볼 수 있습니다.

💬 상대방의 의사를 묻거나
협력을 제안할 수 있습니다.

● 오늘 학습할 패턴을 익혀보세요.

○○○ 할래요?

Do you want to ○○○?

두 유 원투 ○○○

Do you want to ~? [두 유 원투]는 무언가를 하고 싶은지 물어볼 때 사용할 수 있습니다. 상대방의 의사를 확인하거나 동의를 구할 때 유용한 패턴입니다.

Do you want to go to the park?

두   유   원투   고우 투 더 파알크   공원에 갈래요?

Do you want to start first?   먼저 시작하시겠어요?

두   유   원투   스타알트 퍼얼스트

Do you want to watch a movie?   영화 볼래요?

두   유   원투   와-취 어 무-비

✓ 단어 체크

go to the park [고우 투 더 파알크] 공원에 가다   **start** [스타알트] 시작하다
watch a movie [와-취 어 무-비] 영화를 보다

패턴 연습하기

● 빈칸에 단어를 넣어 배운 패턴을 연습해 보세요.

Do you want to [   ]?

[   ] 할래요?

try
츄라이

한 번 먹어보다

study
스터디

공부하다

dance
댄쓰

춤을 추다

swim
스윔

수영하다

● 대화 속에서 패턴을 연습해 보세요.

1 **Do you want to try my steak?**

두 유 원투 츄라이 마이 스테이크

제 스테이크
드셔 보시겠어요?

Yes, please, it smells great.

예쓰, 플리-즈, 잇 스멜즈 그뤠잇

네, 좋은 냄새가 나네요.

2 **Do you want to study together?**

두 유 원투 스터디 터게덜

같이 공부하실래요?

Great, when are you free?

그뤠잇, 웬 얼 유 프뤼-

좋아요, 언제
시간이 괜찮으세요?

183

● 다음 대화를 듣고 따라 말해보세요.

 What are you doing this afternoon?

왓 얼 유 두잉 디쓰 애프털누운

 I don't have any plans.

아이 도운(트) 해브 에니 플랜즈

 Do you want to go to the park?

두 유 원투 고우 투 더 파알크

 Yes, let's go for a walk together.

예쓰, 렛츠 고우 펄 어 워-크 터게덜

 We can also *rent bikes at the park.

위 캔 어얼쏘우 뤤트 바익스 앳 디 파알크

 Great idea, I love riding bikes.

그뤠잇 아이디어, 아이 러브 롸이딩 바이크즈

 Let's meet at the *entrance of the park.

렛츠 밋 앳 디 엔츄뤤쓰 어브 더 파알크

 Okay, see you in 30 minutes!

오우케이, 씨 유 인 써얼티 미닛츠

오늘 오후에 뭐 할 거예요?
딱히 계획은 없어요.
공원에 갈래요?
네, 같이 산책하러 가요.
공원에서 자전거도 빌릴 수 있어요.
좋은 생각이네요, 저는 자전거 타는 걸 정말 좋아해요.
공원 입구에서 만나요.
알았어요, 30분 후에 봐요!

* rent [뤤트] 빌리다
* entrance [엔츄뤤쓰] 입구

● 다음 문장을 듣고 따라 말해보세요.

일정이 있는지 물어볼 때

일정과 관련된 표현을 꼭 알아두세요.

Are you busy this week?
얼 유 비지 디쓰 위-크

이번 주에 바쁜가요?

Can we meet this weekend?
캔 위 밋 디쓰 위-켄드

이번 주말에 만날 수 있어요?

Are you available tomorrow?
얼 유 어베이러블 터마-로우

내일 시간 괜찮아요?

What are you doing tomorrow?
왓 얼 유 두잉 터마-로우

내일 뭐 해요?

Do you have plans tonight?
두 유 해브 플랜즈 터나이트

오늘 밤에 계획 있어요?

> Tip 'a plan'은 한 가지 구체적인 계획을 의미하고, 'plans'는 여러 가지 가능성 있
> 는 계획들을 나타냅니다. 그래서 친구에게 약속이나 모임이 있는지 물을 땐
> 'plans'라고 해야 합니다.

Are you free today?
얼 유 프뤼- 터데이

오늘 시간 괜찮아요?

실력 다지기

● 주어진 단어의 의미로 적절한 것을 찾아 연결하세요.

start   •

dance   •

swim   •

         • 시작하다

         • 수영하다

         • 춤을 추다

● 음원을 듣고, 빈칸에 알맞은 문장을 보기 에서 골라 번호를 쓰세요.

보기
① Can you pick me up later?
② Do you want to go to the park?   ③ You're positive.

What are you doing this afternoon?

I don't have any plans.

_____

Yes, let's go for a walk together.

We can also rent bikes at the park.

Great idea, I love riding bikes.

Let's meet at the entrance of the park.

Okay, see you in 30 minutes!

● 다음 빈칸에 알맞은 단어를 보기 에서 골라 번호를 쓰세요.

보기
① plans   ② meet   ③ busy

· Are you _____ this week?   이번 주에 바쁜가요?

· Can we _____ this weekend?   이번 주말에 만날 수 있어요?

· Do you have _____ tonight?   오늘 밤에 계획 있어요?

186

써보기 ✏️

● 문장을 2번씩 직접 써보고, 소리 내어 말해보세요.

1 공원에 갈래요? 두 유 원투 고우 투 더 파알크

2 먼저 시작하시겠어요? 두 유 원투 스타알트 퍼얼스트

3 영화 볼래요? 두 유 원투 와-취 어 무-비

4 제 스테이크 드셔 보시겠어요? 두 유 원투 츄롸이 마이 스테이크

Unit

23

원어민 음원 듣기

I want you to be careful.

당신이 조심했으면 해요.

💬 특정한 행동이나 작업을
요구할 수 있습니다.

💬 자신의 기대나 요구를
전달하고자 할 수 있습니다.

당신이 조심했으면 해요.

고마워요, 그 점
명심할게요.

● 오늘 학습할 패턴을 익혀보세요.

당신이 ○○○ 했으면 해요.

I want you to ○○○.

아이 원유루 ○○○

I want you to ~ [아이 원유루]는 누군가에게 어떤 일을 부탁하거나 특정 행동을 원할 때 사용할 수 있습니다. 이 패턴은 상대방에게 직접적인 요구나 기대를 전달하는 데 사용됩니다.

I want you to tell me.
아이　　원유루　　　　텔　　미

저에게 말해줬으면 해요.

I want you to keep a secret.
아이　　원유루　　　　키잎　어　씨-크뤳

비밀을 지켰으면 해요.

I want you to forgive me.
아이　　원유루　　　　펄기브　　　미

저를 용서해 주셨으면 해요.

✓ 단어 체크

tell [텔] 말하다　**keep a secret** [키잎 어 씨-크뤳] 비밀을 지키다
forgive [펄기브] 용서하다

● 빈칸에 단어를 넣어 배운 패턴을 연습해 보세요.

I want you to 　　　　　.
당신이 　　　　　 했으면 해요.

careful
케얼펄

조심하는

wash hands
와-쉬　　핸즈

손을 씻다

do homework
두　　호움워얼크

숙제를 하다

clean a room
클린　어　루움

방을 청소하다

● 대화 속에서 패턴을 연습해 보세요.

1 **I want you to be careful.**
아이　원유루　비　케얼펄

당신이 조심했으면 해요.

 Thanks, I will keep that in mind.
쌩쓰,　아이 윌　키잎　댓 인 마인드

고마워요, 그 점 명심할게요.

2 **I want you to wash your hands.**
아이　원유루　와-쉬 유얼　핸즈

당신이 손을 씻었으면 해요.

 Okay, I will wash them now.
오우케이,　아이 윌　와-쉬　뎀　나우

알겠어요. 지금 씻을게요.

191

● 다음 대화를 듣고 따라 말해보세요.

 You didn't eat much today. Are you okay?
유 디든(트) 잇 머춰 터데이. 얼 유 오우케이

 I'm not feeling very well.
아임 낫 피일링 베뤼 웰

 I want you to tell me. What's wrong?
아이 원유루 텔 미. 왓츠 뤄엉

 I think I ate something bad.
아이 씽크 아이 에이트 썸씽 배드

 You should *take a break.
유 슏 테이크 어 브뤠이크

 Yes, I think I need to *lie down.
예쓰, 아이 씽크 아이 니투 라이 다운

 I will get you some water.
아이 윌 겟 유 썸 워-털

 That would be nice, thank you.
댓 읃 비 나이쓰, 쌩큐

 오늘 많이 안 드셨는데 괜찮으세요?
 몸이 별로 안 좋아요.
 저에게 말해줬으면 해요. 무슨 일이에요?
 뭔가 잘못 먹은 것 같아요.
 좀 쉬어야 해요.
 네, 누워 있어야 할 것 같아요.
 물 좀 가져다줄게요.
 그게 좋을 것 같아요, 고마워요.

· **take a break**
  [테이크 어 브뤠이크] 쉬다
· **lie down** [라이 다운] 눕다

• 다음 문장을 듣고 따라 말해보세요.

 추측을 나타낼 때

추측할 때 사용하는 표현을 꼭 알아두세요.

I think he's a great actor.
아이 씽크 히즈 어 그뤠잇 액털

그는 훌륭한 배우인 것 같아요.

I think it will rain later.
아이 씽크 잇 윌 뤠인 레이털

나중에 비가 올 것 같아요.

I guess old habits die hard.
아이 게쓰 오울드 해비츠 다이 하알드

세 살 버릇이 여든까지 가나 봐요.

I guess she is busy right now.
아이 게쓰 쉬 이즈 비지 롸잇 나우

그녀는 지금 바쁜가 봐요.

I believe this is the right decision.
아이 빌리-브 디쓰 이즈 더 롸잇 디씨전

이게 올바른 결정이라고 믿어요.

I believe she is a kind person.
아이 빌리-브 쉬 이즈 어 카인드 퍼얼쓴

나는 그녀가 친절한 사람이라고 믿어요.

> **Tip** 'I think'는 개인적인 생각을 표현할 때, 'I guess'는 어떤 것을 가볍게 추측하거나 예상할 때, 'I believe'는 강한 믿음이나 확신을 표현할 때 사용할 수 있습니다. 뉘앙스 차이를 생각하면서 말해 보세요.

● 주어진 단어의 의미로 적절한 것을 찾아 연결하세요.

forgive   •   • 용서하다

do homework   •   • 방을 청소하다

clean a room   •   • 숙제를 하다

● 음원을 듣고, 빈칸에 알맞은 문장을 보기에서 골라 번호를 쓰세요.

> 보기
> ① I'd like to get a map.   ② Don't get me wrong.
> ③ I want you to tell me.

You didn't eat much today. Are you okay?

I'm not feeling very well.

_____ What's wrong?

I think I ate something bad.

You should take a break.

Yes, I think I need to lie down.

I will get you some water.

That would be nice, thank you.

● 다음 빈칸에 알맞은 단어를 보기에서 골라 번호를 쓰세요.

> 보기
> ① I believe   ② I guess   ③ I think

• _____ it will rain later.   나중에 비가 올 것 같아요.

• _____ old habits die hard.   세 살 버릇이 여든까지 가나 봐요.

• _____ this is the right decision.   이게 올바른 결정이라고 믿어요.

써보기 ✏️

● 문장을 2번씩 직접 써보고, 소리 내어 말해보세요.

1 저에게 말해줬으면 해요. 아이 원유루 텔 미

2 비밀을 지켰으면 해요. 아이 원유루 키잎 어 씨-크륏

3 저를 용서해 주셨으면 해요. 아이 원유루 펄기브 미

4 당신이 조심했으면 해요. 아이 원유루 비 케얼펄

Unit

24

원어민 음원 듣기

I'd like you to come here.

당신이 여기에 왔으면 좋겠어요.

💬 요청을 좀 더 예의 바르게
표현할 수 있습니다.

💬 공식적으로 무언가를
요청할 수 있습니다.

당신이 여기에 왔으면
좋겠어요.

네, 잠시만 기다려주세요.

● 오늘 학습할 패턴을 익혀보세요.

당신이 ○○○ 하면 좋겠어요.

I'd like you to ○○○.

아이드 라익 유루 ○○○

I'd like you to ~ [아이드 라익 유루]는 상대방에게 어떤 행동을 부탁하거나 요청할 때 사용할 수 있습니다. 부드럽고 예의 바르게 자신의 요청을 전달하고 싶을 때 유용한 패턴입니다.

I'd like you to finish.

아이드 라익   유루   피니쉬

그만 끝내셨으면 좋겠군요.

I'd like you to read this book.

아이드 라익   유루   뤼드   디쓰   북

당신이 이 책을 읽었으면 좋겠어요.

I'd like you to help me.

아이드 라익   유루   헬프   미

당신이 저를 도와줬으면 좋겠어요.

✓ 단어 체크

finish [피니쉬] 끝내다 **read** [뤼드] 읽다
help [헬프] 돕다

● 빈칸에 단어를 넣어 배운 패턴을 연습해 보세요.

I'd like you to [   ].

당신이 [   ] 하면 좋겠어요.

come
컴

오다

join
조인

합류하다

stay
스테이

머무르다

walk the dog
워-크 더 덕

강아지를 산책시키다

● 대화 속에서 패턴을 연습해 보세요.

1 **I'd like you to** come here.
아이드 라익 유루 컴 히얼

당신이 여기에 왔으면 좋겠어요.

Okay, give me a few minutes.
오우케이, 깁 미 어 퓨- 미닛츠

네, 잠시만 기다려주세요.

2 **I'd like you to** join our team.
아이드 라익 유루 조인 아얼 티임

당신이 우리 팀에 합류했으면 좋겠어요.

 Can you tell me more about the team?
캔 유 텔 미 모얼 어바웃 더 티임

팀에 대해 더 말씀해 주시겠어요?

● 다음 대화를 듣고 따라 말해보세요.

I found an interesting book today.

아이 **파운드** 언 **인츄뤠스팅** 북 터데이

What kind of book is it?

왓 카인드 어브 북 이즈 잇

It's a science fiction book.

잇츠 어 **싸**이언쓰 픽션 북

I love science fiction. Is it good?

아이 러브 **싸**이언쓰 픽션. 이즈 잇 긎

Yes, it's very *exciting.

예쓰, 잇츠 베**뤼** 익**싸**이팅

I'd like you to read this book. You might enjoy it, too.

아이드 **라**익 유루 **뤼**드 디쓰 북. 유 마잇 인조이 잇, **투**–

I will start it tonight.

아이 윌 스**타**알트 잇 터**나**이트

Great! Let's *talk about it tomorrow.

그**뤠**잇! **렛**츠 **터**어크 어바웃 잇 터**마**–로우

🧑 오늘 재미있는 책을 찾았어요.
👩 어떤 책인가요?
🧑 과학소설이에요.
👩 저는 과학소설을 좋아해요. 재미있나요?
🧑 네, 매우 흥미진진해요.
👩 이 책을 읽어보세요. 이것도 재미있을 거예요.
🧑 오늘 밤에 시작할게요.
👩 좋아요! 내일 이야기해요.

· exciting [익싸이팅] 흥미진진한

· talk about [터어크 어바웃]
~에 대해 이야기하다

200

● 다음 문장을 듣고 따라 말해보세요.

책을 볼 때

책과 관련된 표현을 꼭 알아두세요.

I'm a bookworm.
아임 어   북워엄

저는 책벌레예요.

This book is a page turner.
디쓰   븍   이즈 어 **페이쥐**   **터얼널**

이 책 정말 흥미진진해요.

> **Tip** 'page turner'은 계속 페이지를 넘기고 싶게 만드는 매력적이고 몰입감 있는 책을 말합니다. 주로 재미있고 긴장감 있는 이야기가 있는 소설에서 사용됩니다.

I stayed up all night reading.
아이 스테이드 업 **어얼** 나잇   뤼-딩

밤을 새워서 책을 읽었어요.

He likes to read books.
히   라익스 투 뤼-드   븍스

그는 책 읽는 걸 좋아해요.

How often do you read?
하우   어-펀   두   유   뤼-드

얼마나 자주 책을 읽나요?

Who is your favorite author?
후   이즈   유얼   **페이버릿**   **어-떨**   가장 좋아하는 작가가 누구예요?

실력 다지기

● 주어진 단어의 의미로 적절한 것을 찾아 연결하세요.

help •   • 머무르다

join •   • 돕다

stay •   • 합류하다

● 음원을 듣고, 빈칸에 알맞은 문장을 보기 에서 골라 번호를 쓰세요.

> 보기
> ① I'd like you to read this book.
> ② I want you to be careful.   ③ I've been to Jeju Island.

I found an interesting book today.

What kind of book is it?

It's a science fiction book.

I love science fiction. Is it good?

Yes, it's very exciting.

_____ You might enjoy it, too.

I will start it tonight.

Great! Let's talk about it tomorrow.

● 다음 빈칸에 알맞은 단어를 보기 에서 골라 번호를 쓰세요.

> 보기   ① read books   ② page turner   ③ bookworm

· I'm a _____.   저는 책벌레예요.

· This book is a _____.   이 책 정말 흥미진진해요.

· He likes to _____.   그는 책 읽는 걸 좋아해요.

202

써보기 ✏️

● 문장을 2번씩 직접 써보고, 소리 내어 말해보세요.

1 그만 끝내셨으면 좋겠군요. 아이드 라익 유루 피니쉬

2 당신이 이 책을 읽었으면 좋겠어요. 아이드 라익 유루 뤼드 디쓰 븍

3 당신이 저를 도와줬으면 좋겠어요. 아이드 라익 유루 헬프 미

4 당신이 여기에 왔으면 좋겠어요. 아이드 라익 유루 컴 히얼

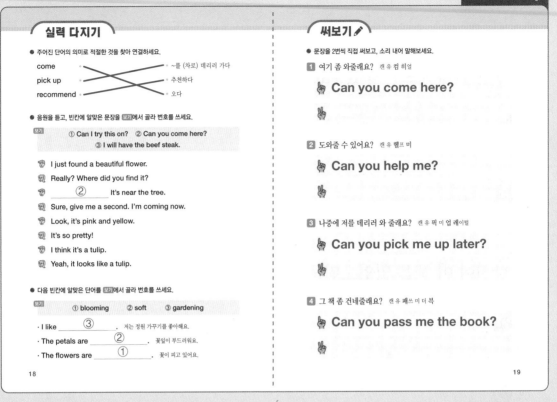

실력 다지기

● 주어진 단어의 의미로 적절한 것을 찾아 연결하세요.

come — ~를 (차로) 데리러 가다

pick up — 추천하다

recommend — 오다

● 음원을 듣고, 빈칸에 알맞은 문장을 보기에서 골라 번호를 쓰세요.

보기
① Can I try this on?　② Can you come here?
③ I will have the beef steak.

🧒 I just found a beautiful flower.
🧑 Really? Where did you find it?
🧒 ___②___ It's near the tree.
🧑 Sure, give me a second. I'm coming now.
🧒 Look, it's pink and yellow.
🧑 It's so pretty!
🧒 I think it's a tulip.
🧑 Yeah, it looks like a tulip.

● 다음 빈칸에 알맞은 단어를 보기에서 골라 번호를 쓰세요.

보기
① blooming　② soft　③ gardening

· I like ___③___ . 저는 정원 가꾸기를 좋아해요.
· The petals are ___②___ . 꽃잎이 부드러워요.
· The flowers are ___①___ . 꽃이 피고 있어요.

18

써보기 ✏

● 문장을 2번씩 직접 써보고, 소리 내어 말해보세요.

1 여기 좀 와줄래요? 캔 유 컴 히얼

👆 **Can you come here?**

✌

2 도와줄 수 있어요? 캔 유 헬프 미

👆 **Can you help me?**

✌

3 나중에 저를 데리러 와 줄래요? 캔 유 픽 미 업 레이털

👆 **Can you pick me up later?**

✌

4 그 책 좀 건네줄래요? 캔 유 패쓰 미 더 북

👆 **Can you pass me the book?**

✌

19

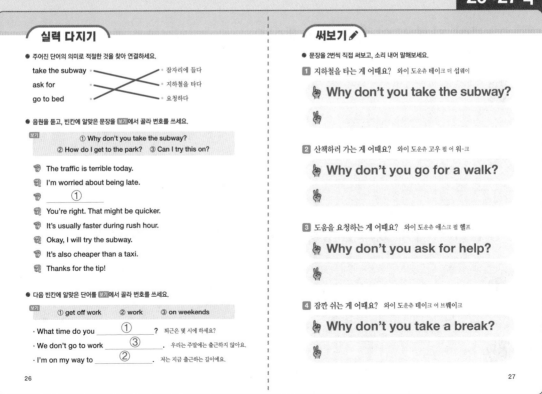

실력 다지기

● 주어진 단어의 의미로 적절한 것을 찾아 연결하세요.

take the subway — 잠자리에 들다

ask for — 지하철을 타다

go to bed — 요청하다

● 음원을 듣고, 빈칸에 알맞은 문장을 보기에서 골라 번호를 쓰세요.

보기
① Why don't you take the subway?
② How do I get to the park?　③ Can I try this on?

🧑 The traffic is terrible today.
🧑 I'm worried about being late.
🧑 ___①___
🧑 You're right. That might be quicker.
🧑 It's usually faster during rush hour.
🧑 Okay, I will try the subway.
🧑 It's also cheaper than a taxi.
🧑 Thanks for the tip!

● 다음 빈칸에 알맞은 단어를 보기에서 골라 번호를 쓰세요.

보기
① get off work　② work　③ on weekends

· What time do you ___①___ ? 퇴근은 몇 시에 하세요?
· We don't go to work ___③___ . 우리는 주말에는 출근하지 않아요.
· I'm on my way to ___②___ . 저는 지금 출근하는 길이에요.

26

써보기 ✏

● 문장을 2번씩 직접 써보고, 소리 내어 말해보세요.

1 지하철을 타는 게 어때요? 와이 도운츄 테이크 더 섭웨이

👆 **Why don't you take the subway?**

✌

2 산책하러 가는 게 어때요? 와이 도운츄 고우 풔 어 워-크

👆 **Why don't you go for a walk?**

✌

3 도움을 요청하는 게 어때요? 와이 도운츄 애스크 풔 헬프

👆 **Why don't you ask for help?**

✌

4 잠깐 쉬는 게 어때요? 와이 도운츄 테이크 어 브뤠이크

👆 **Why don't you take a break?**

✌

27

실력 다지기

● 주어진 단어의 의미로 적절한 것을 찾아 연결하세요.

get up ─ 외식하다
go home ─ 집에 가다
eat out ─ 일어나다

● 음원을 듣고, 빈칸에 알맞은 문장을 보기에서 골라 번호를 쓰세요.

보기
① Let's go to the park   ② You're polite
③ I want you to forgive me

👧 Do you have plans today?
🧒 No, I'm free all day.
👧 ____①____ and ride bikes.
🧒 That sounds fun. I haven't ridden a bike in a while.
👧 We can rent bikes there.
🧒 Great! I will bring snacks.
👧 I will bring water and juice.
🧒 Perfect! Let's meet at 11 a.m.

● 다음 빈칸에 알맞은 단어를 보기에서 골라 번호를 쓰세요.

보기
① every morning   ② outside   ③ on weekends

· Let's go ____②____ . 우리 밖에 나가요.
· He goes to the gym ____①____ . 그는 매일 아침 헬스장에 가요.
· We go hiking ____③____ . 우리는 주말에 등산을 가요.

34

써보기 ✏

● 문장을 2번씩 직접 써보고, 소리 내어 말해보세요.

1 공원에 가요. 렛츠 고우 투 더 파알크
✌ Let's go to the park.

2 외식해요. 렛츠 잇 아우트
✌ Let's eat out.

3 내일 하이킹 가요. 렛츠 고우 하이킹 터마-러우
✌ Let's go hiking tomorrow.

4 내일 일찍 일어나요. 렛츠 겟 업 어얼리 터마-로우
✌ Let's get up early tomorrow.

35

실력 다지기

● 주어진 단어의 의미로 적절한 것을 찾아 연결하세요.

wait ─ 기다리다
lend ─ 빌려주다
turn down ─ 소리를 낮추다

● 음원을 듣고, 빈칸에 알맞은 문장을 보기에서 골라 번호를 쓰세요.

보기
① You look worried.   ② Don't give up.
③ Would you mind waiting a little?

👧 Are you ready to leave?
🧒 Yes, I'm ready.
👧 ____③____ I can't find my phone.
🧒 No problem. Take your time.
👧 I found it! It was in my bag.
🧒 Great! Let's go now.
👧 Do you have your wallet?
🧒 Let me check. Yes, it's here.

● 다음 빈칸에 알맞은 단어를 보기에서 골라 번호를 쓰세요.

보기
① phone   ② shoes   ③ weather

· Let's check the ____③____ . 날씨 확인해 봐요.
· I'm putting on my ____②____ . 신발 신고 있어요.
· I'm looking for my ____①____ . 휴대폰을 찾고 있어요.

42

써보기 ✏

● 문장을 2번씩 직접 써보고, 소리 내어 말해보세요.

1 조금 기다려 주시겠어요? 우쥬 마인드 웨이팅 어 리틀
✌ Would you mind waiting a little?

2 차를 빌려주시겠어요? 우쥬 마인드 렌딩 미 유얼 카알
✌ Would you mind lending me your car?

3 다시 보내 주시겠어요? 우쥬 마인드 쎈딩 잇 어겐
✌ Would you mind sending it again?

4 창문 좀 열어 주시겠어요? 우쥬 마인드 오우퍼닝 더 윈도우
✌ Would you mind opening the window?

43

실력 다지기

● 주어진 단어의 의미로 적절한 것을 찾아 연결하세요.

winter coat · · 겨울 코트
gas station · · 가죽장갑
leather gloves · · 주유소

● 음원을 듣고, 빈칸에 알맞은 문장을 [보기]에서 골라 번호를 쓰세요.

> 보기
> ① I'm looking for a blue scarf. ② Don't be late.
> ③ Have you been to Paris?

🗣 I need a new scarf for winter.
🗣 What color are you looking for?
🗣 ___①___ It's my favorite color.
🗣 I saw some in the store downtown.
🗣 Are they expensive?
🗣 No, they're having a sale.
🗣 Let's go together next weekend.
🗣 Yes, that's a great idea.

● 다음 빈칸에 알맞은 단어를 [보기]에서 골라 번호를 쓰세요.

> 보기
> ① favorite color ② bright colors ③ red shoes

· What's your ___①___ ? 가장 좋아하는 색깔이 뭐예요?
· I like ___③___ . 저는 빨간 신발을 좋아해요.
· She doesn't like ___②___ . 그녀는 밝은 색깔을 좋아하지 않아요.

50

써보기 ✏

● 문장을 2번씩 직접 써보고, 소리 내어 말해보세요.

1 파란색 스카프를 찾고 있어요. 아임 르킹 필 어 블루 스카알프

 I'm looking for a blue scarf.

✌

2 겨울 코트를 찾고 있어요. 아임 르킹 필 어 윈털 코우트

 I'm looking for a winter coat.

✌

3 한식당을 찾고 있어요. 아임 르킹 필 어 코어뤼-언 뤠스터롼트

 I'm looking for a Korean restaurant.

✌

4 휴대폰 케이스를 찾고 있어요. 아임 르킹 필 어 포운 케이스

 I'm looking for a phone case.

✌

51

실력 다지기

● 주어진 단어의 의미로 적절한 것을 찾아 연결하세요.

chopsticks · · 열
fever · · 추천
recommendation · · 젓가락

● 음원을 듣고, 빈칸에 알맞은 문장을 [보기]에서 골라 번호를 쓰세요.

> 보기
> ① do you have a charger? ② I'm looking for a blue scarf.
> ③ can you pick me up later?

🗣 My phone battery is almost dead.
🗣 Do you need a charger?
🗣 Yes, ___①___
🗣 I have one here.
🗣 Can I use it for a moment?
🗣 Sure, take your time.
🗣 Thank you so much.
🗣 It was nothing.

● 다음 빈칸에 알맞은 단어를 [보기]에서 골라 번호를 쓰세요.

> 보기
> ① slow ② cracked ③ ringtone

· My screen is ___②___ . 제 화면이 깨졌어요.
· I changed my ___③___ . 벨 소리를 바꿨어요.
· My phone is ___①___ . 제 휴대폰이 느려요.

58

써보기 ✏

● 문장을 2번씩 직접 써보고, 소리 내어 말해보세요.

1 충전기 있어요? 두 유 해브 어 촤알쥘

 Do you have a charger?

✌

2 젓가락 있나요? 두 유 해브 촵스틱스

 Do you have chopsticks?

✌

3 더 싼 것 있나요? 두 유 해브 에니씽 취-펄

 Do you have anything cheaper?

✌

4 열이 있나요? 두 유 해브 어 피-벌

 Do you have a fever?

✌

59

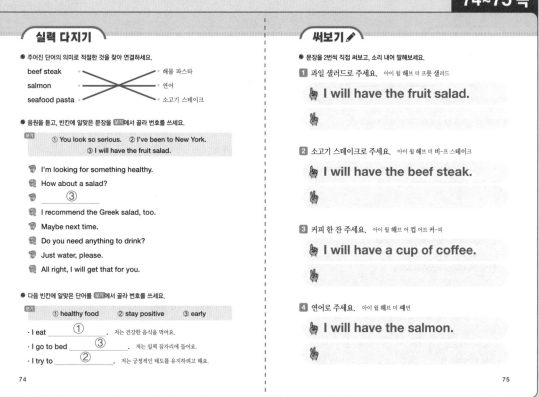

66~67 쪽

실력 다지기

● 주어진 단어의 의미로 적절한 것을 찾아 연결하세요.

necklace — 청바지
shoes — 신발
jeans — 목걸이

● 음원을 듣고, 빈칸에 알맞은 문장을 보기에서 골라 번호를 쓰세요.

보기
① Can I try this on? ② You're so beautiful.
③ Why don't you ask for help?

This jacket looks nice.

Yes, it's a popular style.

_____①_____

Of course, the fitting room is over there.

Thanks. How does it look?

It looks good on you!

Do you have it in a larger size?

Let me check for you.

● 다음 빈칸에 알맞은 단어를 보기에서 골라 번호를 쓰세요.

보기
① dress ② tie my tie ③ comfortable

· These shoes are very _____③_____. 이 신발은 매우 편해요.
· Do you like this _____①_____? 이 원피스 마음에 들어요?
· Can you help me _____②_____? 넥타이 매는 거 좀 도와줄래요?

66

써보기

● 문장을 2번씩 직접 써보고, 소리 내어 말해보세요.

1 이거 입어봐도 될까요? 캔 아이 츄롸이 디쓰 언

Can I try this on?

2 이 원피스 입어봐도 될까요? 캔 아이 츄롸이 디쓰 드뤠쓰 언

Can I try this dress on?

3 이 목걸이 해봐도 될까요? 캔 아이 츄롸이 디쓰 넥클러쓰 언

Can I try this necklace on?

4 이 코트 입어봐도 될까요? 캔 아이 츄롸이 디쓰 코우트 언

Can I try this coat on?

67

74~75 쪽

실력 다지기

● 주어진 단어의 의미로 적절한 것을 찾아 연결하세요.

beef steak — 해물 파스타
salmon — 연어
seafood pasta — 소고기 스테이크

● 음원을 듣고, 빈칸에 알맞은 문장을 보기에서 골라 번호를 쓰세요.

보기
① You look so serious. ② I've been to New York.
③ I will have the fruit salad.

I'm looking for something healthy.

How about a salad?

_____③_____

I recommend the Greek salad, too.

Maybe next time.

Do you need anything to drink?

Just water, please.

All right, I will get that for you.

● 다음 빈칸에 알맞은 단어를 보기에서 골라 번호를 쓰세요.

보기
① healthy food ② stay positive ③ early

· I eat _____①_____. 저는 건강한 음식을 먹어요.
· I go to bed _____③_____. 저는 일찍 잠자리에 들어요.
· I try to _____②_____. 저는 긍정적인 태도를 유지하려고 해요.

74

써보기

● 문장을 2번씩 직접 써보고, 소리 내어 말해보세요.

1 과일 샐러드로 주세요. 아이 윌 해브 더 프룻 샐러드

I will have the fruit salad.

2 소고기 스테이크로 주세요. 아이 윌 해브 더 비-프 스테이크

I will have the beef steak.

3 커피 한 잔 주세요. 아이 윌 해브 어 컵 어브 커-피

I will have a cup of coffee.

4 연어로 주세요. 아이 윌 해브 더 쌔먼

I will have the salmon.

75

207

실력 다지기

● 주어진 단어의 의미로 적절한 것을 찾아 연결하세요.

get a refund ・　　　　・ 환불받다

rent a car ・　　　　・ 주문하다

order ・　　　　・ 차를 빌리다

● 음원을 듣고, 빈칸에 알맞은 문장을 보기에서 골라 번호를 쓰세요.

보기
① I want you to be careful.　② I'd like to get a refund.
③ I will have the salmon.

🗣 This shirt is too small.

🗣 Do you want a different size?

🗣 No, ___②___

🗣 Okay, do you have the receipt?

🗣 Yes, here it is.

🗣 I will take care of this. Please wait a moment.

🗣 How long will it take?

🗣 Just a few minutes.

● 다음 빈칸에 알맞은 단어를 보기에서 골라 번호를 쓰세요.

보기　① smaller size　② damaged　③ receipt

· I have the ___③___ . 영수증 가지고 있어요.

· This item is ___②___ . 이 상품이 손상됐어요.

· I need a ___①___ . 더 작은 사이즈가 필요해요.

82

써보기 ✏

● 문장을 2번씩 직접 써보고, 소리 내어 말해보세요.

1 체크인하고 싶어요.　아이드 라익 투 췌크 인

✌ **I'd like to check in.**

✌

2 환불받고 싶어요.　아이드 라익 투 겟 어 뤼-펀드

✌ **I'd like to get a refund.**

✌

3 차를 빌리고 싶어요.　아이드 라익 투 뤤트 어 카알

✌ **I'd like to rent a car.**

✌

4 지도를 받고 싶어요.　아이드 라익 투 겟 어 맵

✌ **I'd like to get a map.**

✌

83

실력 다지기

● 주어진 단어의 의미로 적절한 것을 찾아 연결하세요.

restroom ・　　　　・ 편의점

post office ・　　　　・ 우체국

convenience store ・　　　　・ 화장실

● 음원을 듣고, 빈칸에 알맞은 문장을 보기에서 골라 번호를 쓰세요.

보기
① Do you have a fever?　② You look good.
③ Where is the parking lot?

🗣 I'm late for a meeting. Where can I park my car quickly?

🗣 There's a parking lot nearby.

🗣 ___③___

🗣 Turn right at the next corner, and you will see it.

🗣 Is it expensive?

🗣 It's not expensive, just $2 per hour.

🗣 Great, thanks for the information!

🗣 You're welcome! Drive safely.

● 다음 빈칸에 알맞은 단어를 보기에서 골라 번호를 쓰세요.

보기　① waiting　② on the way　③ parking spot

· Thank you for ___①___ . 기다려 주셔서 고마워요.

· I couldn't find a ___③___ . 주차 자리를 찾지 못했어요.

· I had an accident ___②___ . 오는 도중에 사고가 났어요.

90

써보기 ✏

● 문장을 2번씩 직접 써보고, 소리 내어 말해보세요.

1 주차장은 어디에 있어요?　웨얼 이즈 더 파알킹 라-트

✌ **Where is the parking lot?**

✌

2 화장실은 어디에 있어요?　웨얼 이즈 더 뤠스트루움

✌ **Where is the restroom?**

✌

3 주유소는 어디에 있어요?　웨얼 이즈 더 개스 스테이션

✌ **Where is the gas station?**

✌

4 탈의실은 어디에 있어요?　웨얼 이즈 더 피팅 루움

✌ **Where is the fitting room?**

✌

91

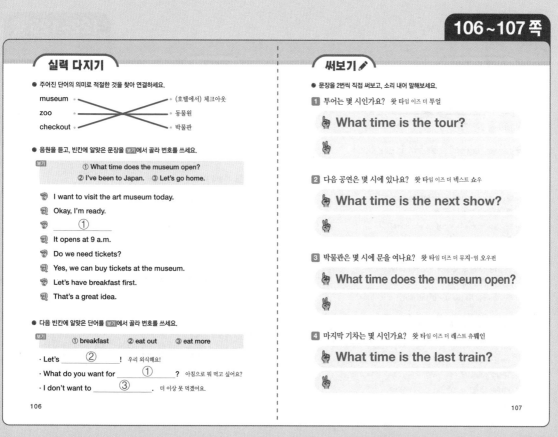

98~99 쪽

실력 다지기

● 주어진 단어의 의미로 적절한 것을 찾아 연결하세요.

park — 공원
shopping mall — 버스 정류장
bus stop — 쇼핑몰

● 음원을 듣고, 빈칸에 알맞은 문장을 보기에서 골라 번호를 쓰세요.

보기
① You're so positive.   ② Where is the fitting room?
③ How do I get to the train station?

- I need to catch a train in an hour.
- The train station isn't far from here.
- ③
- Go straight and turn left at the traffic lights.
- Can I walk there?
- Yes, you can walk there in 10 minutes.
- Is there a coffee shop on the way?
- Yes, there's one near the station.

● 다음 빈칸에 알맞은 단어를 보기에서 골라 번호를 쓰세요.

보기
① train station   ② last train   ③ buy a ticket

· Where can I ___③___ ? 표는 어디서 살 수 있어요?
· How far is the ___①___ ? 기차역은 얼마나 먼가요?
· What time is the ___②___ ? 마지막 기차는 몇 시예요?

98

써보기 ✏

● 문장을 2번씩 직접 써보고, 소리 내어 말해보세요.

1 기차역에 어떻게 가나요? 하우 두 아이 겟 투 더 츄뤠인 스테이션

✊ How do I get to the train station?

✌

2 공원에 어떻게 가나요? 하우 두 아이 겟 투 더 파-알크

✊ How do I get to the park?

✌

3 쇼핑몰에 어떻게 가나요? 하우 두 아이 겟 투 더 샤-핑 머얼

✊ How do I get to the shopping mall?

✌

4 은행은 어떻게 가나요? 하우 두 아이 겟 투 더 뱅크

✊ How do I get to the bank?

✌

99

106~107 쪽

실력 다지기

● 주어진 단어의 의미로 적절한 것을 찾아 연결하세요.

museum — (호텔에서) 체크아웃
zoo — 동물원
checkout — 박물관

● 음원을 듣고, 빈칸에 알맞은 문장을 보기에서 골라 번호를 쓰세요.

보기
① What time does the museum open?
② I've been to Japan.   ③ Let's go home.

- I want to visit the art museum today.
- Okay, I'm ready.
- ①
- It opens at 9 a.m.
- Do we need tickets?
- Yes, we can buy tickets at the museum.
- Let's have breakfast first.
- That's a great idea.

● 다음 빈칸에 알맞은 단어를 보기에서 골라 번호를 쓰세요.

보기
① breakfast   ② eat out   ③ eat more

· Let's ___②___ ! 우리 외식해요!
· What do you want for ___①___ ? 아침으로 뭐 먹고 싶어요?
· I don't want to ___③___ . 더 이상 못 먹겠어요.

106

써보기 ✏

● 문장을 2번씩 직접 써보고, 소리 내어 말해보세요.

1 투어는 몇 시인가요? 왓 타임 이즈 더 투얼

✊ What time is the tour?

✌

2 다음 공연은 몇 시에 있나요? 왓 타임 이즈 더 넥스트 쇼우

✊ What time is the next show?

✌

3 박물관은 몇 시에 문을 여나요? 왓 타임 더즈 더 뮤지-엄 오우픈

✊ What time does the museum open?

✌

4 마지막 기차는 몇 시인가요? 왓 타임 이즈 더 래스트 츄뤠인

✊ What time is the last train?

✌

107

209

실력 다지기

● 주어진 단어의 의미로 적절한 것을 찾아 연결하세요.

beautiful · · 재능이 있는
positive · · 아름다운
talented · · 긍정적인

● 음원을 듣고, 빈칸에 알맞은 문장을 <보기>에서 골라 번호를 쓰세요.

보기
① You're patient. ② You look tired.
③ Don't be late.

🧑 I'm trying to learn English. Can you help me?
🧑 Sure, I can help you practice.
🧑 My pronunciation isn't very good.
🧑 Don't worry, it gets better with practice.
🧑 I hope I can speak fluently one day.
🧑 You will. _____①_____
🧑 Thank you for your encouragement.
🧑 No problem. Keep practicing!

● 다음 빈칸에 알맞은 단어를 <보기>에서 골라 번호를 쓰세요.

보기
① study English ② in English ③ learning English

· What's this word _____②_____ ? 이 단어를 영어로 뭐라고 하나요?
· How often do you _____①_____ ? 얼마나 자주 영어 공부해요?
· I like _____③_____ . 저는 영어 배우는 것을 좋아해요.

114

써보기 ✏

● 문장을 2번씩 직접 써보고, 소리 내어 말해보세요.

1 당신은 똑똑해요. 유얼 스마알트

✌ You're smart.

✌

2 당신은 인내심이 많네요. 유얼 페이션트

✌ You're patient.

✌

3 당신은 정말 아름답네요. 유얼 쏘우 뷰-티펄

✌ You're so beautiful.

✌

4 당신은 매우 긍정적이에요. 유얼 쏘우 파-저티브

✌ You're so positive.

✌

115

실력 다지기

● 주어진 단어의 의미로 적절한 것을 찾아 연결하세요.

serious · · 다른
tired · · 피곤한
different · · 심각한

● 음원을 듣고, 빈칸에 알맞은 문장을 <보기>에서 골라 번호를 쓰세요.

보기
① you look good! ② can you help me?
③ you're so creative.

🧑 I bought a new dress for the party.
🧑 Really? Can I see it?
🧑 Yes, here it is. What do you think?
🧑 Wow, _____①_____
🧑 Thank you! I wasn't sure about the color.
🧑 The color is perfect. You chose well.
🧑 I'm glad you like it.
🧑 You will be the star of the party!

● 다음 빈칸에 알맞은 단어를 <보기>에서 골라 번호를 쓰세요.

보기
① my place ② make a toast ③ inviting me

· Welcome to _____①_____ . 우리 집에 오신 것을 환영합니다.
· Thank you for _____③_____ . 초대해 주셔서 감사합니다.
· I'd like to _____②_____ . 건배합시다.

122

써보기 ✏

● 문장을 2번씩 직접 써보고, 소리 내어 말해보세요.

1 좋아 보여요. 유 룩 굿

✌ You look good.

✌

2 걱정돼 보여요. 유 룩 워어뤼드

✌ You look worried.

✌

3 너무 심각해 보여요. 유 룩 쏘우 씨어뤼어쓰

✌ You look so serious.

✌

4 피곤해 보여요. 유 룩 타이얼드

✌ You look tired.

✌

123

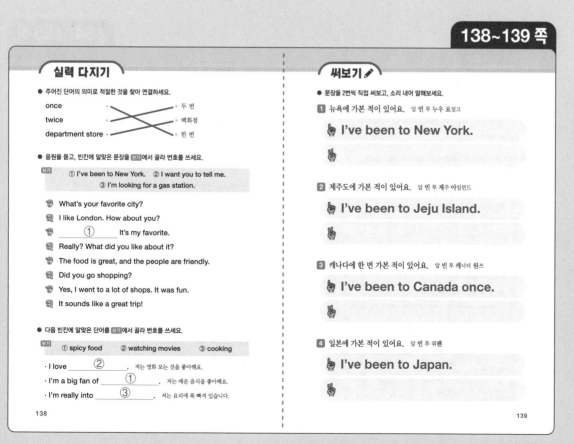

실력 다지기

● 주어진 단어의 의미로 적절한 것을 찾아 연결하세요.

read · → 시도하다
try · → 읽다
ghost · → 귀신

● 음원을 듣고, 빈칸에 알맞은 문장을 보기에서 골라 번호를 쓰세요.

보기
① Where is the restroom?   ② Have you been to Paris?
③ Do you have a charger?

🧑 What's your favorite city?
🧑 I love New York. What about you?
🧑 I love Paris.   ②
🧑 No, I haven't, but I'd love to go.
🧑 It's a city of art and history.
🧑 Wow, that sounds great. What can I see there?
🧑 You should see the Eiffel Tower and the Louvre.
🧑 I will remember that. Thank you!

● 다음 빈칸에 알맞은 단어를 보기에서 골라 번호를 쓰세요.

보기
① free   ② souvenir shop   ③ get a map

· Where can I   ③   ?   지도는 어디서 구할 수 있나요?
· Is the audio guide   ①   ?   오디오 가이드는 무료인가요?
· Where is the   ②   ?   기념품 가게는 어디에 있어요?

130

써보기 ✏

● 문장을 2번씩 직접 써보고, 소리 내어 말해보세요.

1 파리에 가본 적 있어요?   해뷰 빈 투 페뤼쓰

✌ **Have you been to Paris?**

✌

2 이 책 읽어본 적 있어요?   해뷰 뤠드 디쓰 북

✌ **Have you read this book?**

✌

3 그를 전에 만난 적이 있어요?   해뷰 멧 힘 비포얼

✌ **Have you met him before?**

✌

4 김치 먹어본 적이 있나요?   해뷰 츄롸이드 킴취

✌ **Have you tried Kimchi?**

✌

131

실력 다지기

● 주어진 단어의 의미로 적절한 것을 찾아 연결하세요.

once · → 두 번
twice · → 백화점
department store · → 한 번

● 음원을 듣고, 빈칸에 알맞은 문장을 보기에서 골라 번호를 쓰세요.

보기
① I've been to New York.   ② I want you to tell me.
③ I'm looking for a gas station.

🧑 What's your favorite city?
🧑 I like London. How about you?
🧑   ①   It's my favorite.
🧑 Really? What did you like about it?
🧑 The food is great, and the people are friendly.
🧑 Did you go shopping?
🧑 Yes, I went to a lot of shops. It was fun.
🧑 It sounds like a great trip!

● 다음 빈칸에 알맞은 단어를 보기에서 골라 번호를 쓰세요.

보기
① spicy food   ② watching movies   ③ cooking

· I love   ②   .   저는 영화 보는 것을 좋아해요.
· I'm a big fan of   ①   .   저는 매운 음식을 좋아해요.
· I'm really into   ③   .   저는 요리에 푹 빠져 있습니다.

138

써보기 ✏

● 문장을 2번씩 직접 써보고, 소리 내어 말해보세요.

1 뉴욕에 가본 적이 있어요.   압 빈 투 누우 요일크

✌ **I've been to New York.**

✌

2 제주도에 가본 적이 있어요.   압 빈 투 제주 아일랜드

✌ **I've been to Jeju Island.**

✌

3 캐나다에 한 번 가본 적이 있어요.   압 빈 투 캐너더 원쓰

✌ **I've been to Canada once.**

✌

4 일본에 가본 적이 있어요.   압 빈 투 줘팬

✌ **I've been to Japan.**

✌

139

211

정답

실력 다지기

● 주어진 단어의 의미로 적절한 것을 찾아 연결하세요.

get a haircut ●   ● 머리를 자르다

quit work ●   ● 일을 그만두다

go to bed ●   ● 잠자리에 들다

● 음원을 듣고, 빈칸에 알맞은 문장을 보기에서 골라 번호를 쓰세요.

> 보기
> ① You're smart.　② You don't have to thank me.
> ③ You should see a doctor.

🗣 Hey, are you okay? You look really tired.

🗣 Yes, I'm very tired and a little dizzy.

🗣 That's bad.　③

🗣 Maybe I should.

🗣 Do you need a ride to the doctor?

🗣 Yes, please. Can you drive me there?

🗣 Sure, I can drive you. Let's go.

🗣 Thank you, I appreciate it.

● 다음 빈칸에 알맞은 단어를 보기에서 골라 번호를 쓰세요.

> 보기
> ① pen　② give me a hand　③ advice

· Could you ___②___ ? 좀 도와 주시겠어요?

· Can I borrow your ___①___ ? 펜 좀 빌려 주시겠어요?

· I need some ___③___ . 조언이 좀 필요해요.

146

써보기 ✏

● 문장을 2번씩 직접 써보고, 소리 내어 말해보세요.

1 의사에게 가 보는 게 좋겠어요.　유 슈드 씨 어 닥털

👆 You should see a doctor.

✌

2 머리를 자르는 게 좋겠어요.　유 슈드 겟 어 헤얼컷

👆 You should get a haircut.

✌

3 좀 더 인내심을 가지는 게 좋겠어요.　유 슈드 비 모얼 페이션트

👆 You should be more patient.

✌

4 일을 그만두는 게 좋겠어요.　유 슈드 쿠윗 워얼크

👆 You should quit work.

✌

147

실력 다지기

● 주어진 단어의 의미로 적절한 것을 찾아 연결하세요.

save money ●   ● 비밀을 지키다

quit drinking ●   ● 술을 끊다

keep a secret ●   ● 돈을 모으다

● 음원을 듣고, 빈칸에 알맞은 문장을 보기에서 골라 번호를 쓰세요.

> 보기
> ① You have to get up early tomorrow.
> ② You don't have to knock.　③ I've been to Europe.

🗣 Are you ready for your job interview?

🗣 I think so. I'm a little nervous.

🗣 ___①___

🗣 Yes, I know. I will go to bed early.

🗣 What time is your interview?

🗣 It's at 9 a.m.

🗣 Don't worry too much. You will do great!

🗣 Thanks for the encouragement. I'll do my best!

● 다음 빈칸에 알맞은 단어를 보기에서 골라 번호를 쓰세요.

> 보기
> ① part-time job　② own business　③ freelance writer

· I've got a ___①___ . 저는 아르바이트를 하고 있어요.

· I'm a ___③___ . 저는 프리랜서 작가예요.

· I have my ___②___ . 저는 사업을 하고 있어요.

154

써보기 ✏

● 문장을 2번씩 직접 써보고, 소리 내어 말해보세요.

1 일찍 일어나야 해요.　유 햅투 겟 업 어얼리

👆 You have to get up early.

✌

2 헬멧을 써야 해요.　유 햅투 웨얼 어 헬밋

👆 You have to wear a helmet.

✌

3 돈을 좀 모아야 해요.　유 햅투 쎄이브 썸 머니

👆 You have to save some money.

✌

4 선택해야 해요.　유 햅투 메이크 어 초이쓰

👆 You have to make a choice.

✌

155

실력 다지기

● 주어진 단어의 의미로 적절한 것을 찾아 연결하세요.

listen to advice · · 버스를 타다
set an alarm · · 조언을 듣다
take a bus · · 알람을 맞추다

● 음원을 듣고, 빈칸에 알맞은 문장을 보기에서 골라 번호를 쓰세요.

보기
① Don't touch that.
② You should've checked the weather.   ③ Let's eat out.

🗨 Are you ready for the picnic?
🗨 Yes, I have sandwiches and some juice.
🗨 Oh no, it's raining!
🗨 ___②___
🗨 I thought it would be sunny.
🗨 How about having the picnic inside?
🗨 That's a good idea. Let's do that!
🗨 Next time, we should check the weather first.

● 다음 빈칸에 알맞은 단어를 보기에서 골라 번호를 쓰세요.

보기   ① stupid   ② everything   ③ what I said

· I'm sorry for ___②___ . 여러가지로 죄송합니다.
· I was ___①___ . 제가 어리석었어요.
· I regret ___③___ . 제가 한 말을 후회해요.

162

써보기 ✏

● 문장을 2번씩 직접 써보고, 소리 내어 말해보세요.

1 날씨를 확인했어야 했어요. 유 슈름 췍(트) 더 웨덜

✌ You should've checked the weather.

2 코트를 입었어야 했어요. 유 슈름 워언 어 코우트

✌ You should've worn a coat.

3 그 조언을 들었어야 했어요. 유 슈름 리쓴(드) 투 디 어드바이쓰

✌ You should've listened to the advice.

4 알람을 맞췄어야 했어요. 유 슈름 셋 언 얼람

✌ You should've set an alarm.

163

실력 다지기

● 주어진 단어의 의미로 적절한 것을 찾아 연결하세요.

bring · · 노크하다
perfect · · 완벽한
knock · · 가져오다

● 음원을 듣고, 빈칸에 알맞은 문장을 보기에서 골라 번호를 쓰세요.

보기   ① You don't have to worry.   ② Can I try this on?
③ Let's go to the park.

🗨 It's raining, and I forgot my umbrella.
🗨 ___①___ You can use mine.
🗨 Are you sure? What about you?
🗨 I have a raincoat. I'm fine.
🗨 Thank you. You're so kind.
🗨 It's no big deal. What are friends for?
🗨 I will bring it back tomorrow.
🗨 There's no rush. Take your time.

● 다음 빈칸에 알맞은 단어를 보기에서 골라 번호를 쓰세요.

보기   ① rainy days   ② pouring   ③ drizzling

· I love ___①___ . 저는 비 오는 날이 정말 좋아요.
· It's ___③___ . 가랑비가 내리고 있어요.
· It's ___②___ . 비가 쏟아붓고 있어요.

170

써보기 ✏

● 문장을 2번씩 직접 써보고, 소리 내어 말해보세요.

1 걱정하지 않아도 돼요. 유 돈 햅투 워어리

✌ You don't have to worry.

2 저에게 감사하지 않아도 돼요. 유 돈 햅투 쌩크 미

✌ You don't have to thank me.

3 아무것도 안 가져와도 돼요. 유 돈 햅투 브륑 에니띵

✌ You don't have to bring anything.

✌

4 완벽하지 않아도 돼요. 유 돈 햅투 비 퍼얼픽트

✌ You don't have to be perfect.

✌

171

 정답

실력 다지기

● 주어진 단어의 의미로 적절한 것을 찾아 연결하세요.

touch — 만지다
get — 이해하다
give up — 포기하다

● 음원을 듣고, 빈칸에 알맞은 문장을 보기에서 골라 번호를 쓰세요.

보기
① You should see a doctor.
② Do you have any discounts? ③ Don't be afraid,

🧑 I have to give a speech tomorrow.
🧑 Are you nervous?
🧑 Yes, I'm really afraid.
🧑 ③ you will do great.
🧑 Do you really think so?
🧑 Yes, you've prepared well.
🧑 I will try my best.
🧑 Just be confident, you can do it!

● 다음 빈칸에 알맞은 단어를 보기에서 골라 번호를 쓰세요.

보기 ① brush your teeth ② wear a coat ③ eat healthy

· You have to ① . 이를 닦아야 해요.
· You should ③ . 건강하게 먹는 게 좋겠어요.
· You should ② . 코트를 입는 게 좋겠어요.

178

써보기 ✏️

● 문장을 2번씩 직접 써보고, 소리 내어 말해보세요.

1 두려워하지 마세요. 도운(트) 비 어프뤠이드

✌️ Don't be afraid.

2 그거 만지지 마세요. 도운(트) 터취 댓

✌️ Don't touch that.

3 오해하지 마세요. 도운(트) 겟 미 뤄엉

✌️ Don't get me wrong.

4 늦지 마세요. 도운(트) 비 레이트

✌️ Don't be late.

179

실력 다지기

● 주어진 단어의 의미로 적절한 것을 찾아 연결하세요.

start — 시작하다
dance — 수영하다
swim — 춤을 추다

● 음원을 듣고, 빈칸에 알맞은 문장을 보기에서 골라 번호를 쓰세요.

보기
① Can you pick me up later?
② Do you want to go to the park? ③ You're positive.

🧑 What are you doing this afternoon?
🧑 I don't have any plans.
🧑 ②
🧑 Yes, let's go for a walk together.
🧑 We can also rent bikes at the park.
🧑 Great idea, I love riding bikes.
🧑 Let's meet at the entrance of the park.
🧑 Okay, see you in 30 minutes!

● 다음 빈칸에 알맞은 단어를 보기에서 골라 번호를 쓰세요.

보기 ① plans ② meet ③ busy

· Are you ③ this week? 이번 주에 바쁜가요?
· Can we ② this weekend? 이번 주말에 만날 수 있어요?
· Do you have ① tonight? 오늘 밤에 계획 있어요?

186

써보기 ✏️

● 문장을 2번씩 직접 써보고, 소리 내어 말해보세요.

1 공원에 갈래요? 두 유 원투 고우 투 더 파알크

✌️ Do you want to go to the park?

2 먼저 시작하시겠어요? 두 유 원투 스타알트 퍼얼스트

✌️ Do you want to start first?

3 영화 볼래요? 두 유 원투 와-취 어 무-비

✌️ Do you want to watch a movie?

4 제 스테이크 드셔 보시겠어요? 두 유 원투 츄롸이 마이 스테이크

✌️ Do you want to try my steak?

187

214

실력 다지기

● 주어진 단어의 의미로 적절한 것을 찾아 연결하세요.

forgive ●   ● 용서하다

do homework ●   ● 방을 청소하다

clean a room ●   ● 숙제를 하다

● 음원을 듣고, 빈칸에 알맞은 문장을 [보기]에서 골라 번호를 쓰세요.

보기
① I'd like to get a map. ② Don't get me wrong.
③ I want you to tell me.

🧑 You didn't eat much today. Are you okay?

🧑 I'm not feeling very well.

🧑 _____③_____ What's wrong?

🧑 I think I ate something bad.

🧑 You should take a break.

🧑 Yes, I think I need to lie down.

🧑 I will get you some water.

🧑 That would be nice, thank you.

● 다음 빈칸에 알맞은 단어를 [보기]에서 골라 번호를 쓰세요.

보기
① I believe ② I guess ③ I think

· _____③_____ it will rain later. 나중에 비가 올 것 같아요.

· _____②_____ old habits die hard. 세 살 버릇이 여든까지 가나 봐요.

· _____①_____ this is the right decision. 이게 올바른 결정이라고 믿어요.

194

써보기 ✏️

● 문장을 2번씩 직접 써보고, 소리 내어 말해보세요.

1 저에게 말해줬으면 해요. 아이 원유루 텔 미

✌️ I want you to tell me.

✌️

2 비밀을 지켰으면 해요. 아이 원유루 키잎 어 씨-크륏

✌️ I want you to keep a secret.

✌️

3 저를 용서해 주셨으면 해요. 아이 원유루 펄기브 미

✌️ I want you to forgive me.

✌️

4 당신이 조심했으면 해요. 아이 원유루 비 케얼펄

✌️ I want you to be careful.

✌️

195

실력 다지기

● 주어진 단어의 의미로 적절한 것을 찾아 연결하세요.

help ●   ● 머무르다

join ●   ● 돕다

stay ●   ● 합류하다

● 음원을 듣고, 빈칸에 알맞은 문장을 [보기]에서 골라 번호를 쓰세요.

보기
① I'd like you to read this book.
② I want you to be careful. ③ I've been to Jeju Island.

🧑 I found an interesting book today.

🧑 What kind of book is it?

🧑 It's a science fiction book.

🧑 I love science fiction. Is it good?

🧑 Yes, it's very exciting.

🧑 _____①_____ You might enjoy it, too.

🧑 I will start it tonight.

🧑 Great! Let's talk about it tomorrow.

● 다음 빈칸에 알맞은 단어를 [보기]에서 골라 번호를 쓰세요.

보기
① read books ② page turner ③ bookworm

· I'm a _____③_____. 저는 책벌레예요.

· This book is a _____②_____. 이 책 정말 흥미진진해요.

· He likes to _____①_____. 그는 책 읽는 걸 좋아해요.

202

써보기 ✏️

● 문장을 2번씩 직접 써보고, 소리 내어 말해보세요.

1 그만 끝내셨으면 좋겠군요. 아이드 라익 유루 피니쉬

✌️ I'd like you to finish.

✌️

2 당신이 이 책을 읽었으면 좋겠어요. 아이드 라익 유루 뤼드 디쓰 북

✌️ I'd like you to read this book.

✌️

3 당신이 저를 도와줬으면 좋겠어요. 아이드 라익 유루 헬프 미

✌️ I'd like you to help me.

✌️

4 당신이 여기에 왔으면 좋겠어요. 아이드 라익 유루 컴 히얼

✌️ I'd like you to come here.

✌️

203

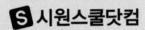